ひろばブックス

まあせんせい の

子どもが
『育ち合う』遊び

菊地政隆・著

まあせんせい流「子ども主体の保育」大全集

すべての遊びの
動画が見られる
QRコード
つき!

準備
いらずで
すぐできる!

遊び歌は
全曲楽譜
つき

メイト

目 次

第 **3** 章

みんなで遊んで盛りあがろう！ …… 41

掲載している遊びは
YouTube「まあせんせい公式チャンネル」で視聴できます。

アクセスは
こちらから

https://x.gd/iPmDK

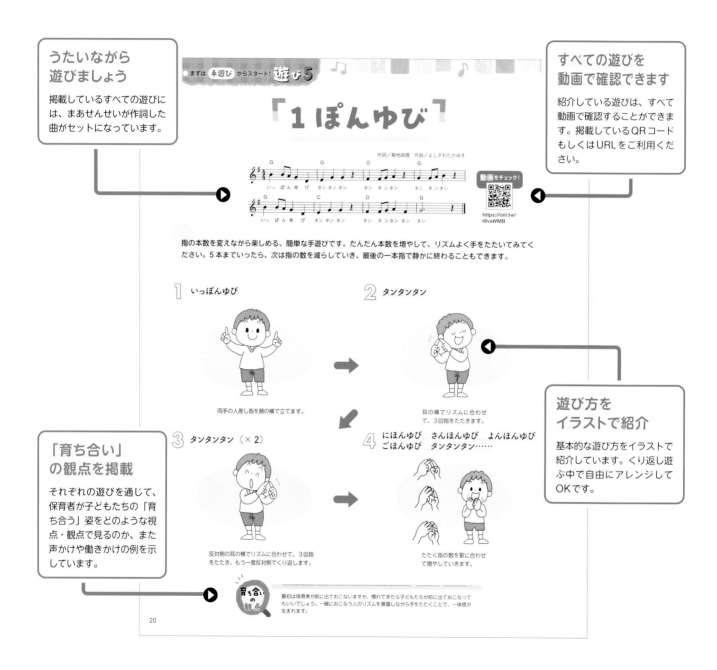

うたいながら遊びましょう

掲載しているすべての遊びには、まあせんせいが作詞した曲がセットになっています。

すべての遊びを動画で確認できます

紹介している遊びは、すべて動画で確認することができます。掲載しているQRコードもしくはURLをご利用ください。

遊び方をイラストで紹介

基本的な遊び方をイラストで紹介しています。くり返し遊ぶ中で自由にアレンジしてOKです。

「育ち合い」の観点を掲載

それぞれの遊びを通じて、保育者が子どもたちの「育ち合う」姿をどのような視点・観点で見るのか、また声かけや働きかけの例を示しています。

紹介している遊びは、子どもたちが自由にアレンジできるよう、どれもシンプルな内容になっています。子どもたちの発想やアイデアをどんどん取り入れて、オリジナルの遊びをつくりあげてほしいと思います。なお、遊び方が似ているものもありますが、曲が異なることで子どもたちがアレンジしていく過程にも変化が生まれます。そうした過程こそが、子ども同士の「育ち合い」の重要なポイントです。どんな姿が見られるか、わくわくしながら見守ってください。

第 1 章

まあせんせいと考える
子ども同士の「育ち合い」

まあせんせいが子ども主体の保育の1つの
形として提唱している「子ども同士の『育ち
合い』」とは、どのような保育なのでしょう
か？ まあせんせいの園でのエピソードと
ともに紹介します。

PROLOGUE

子ども同士が『育ち合う』とは?

この書籍で紹介している遊びはとてもシンプルで、すきま時間にすぐできるものがほとんどですが、
単におこなうだけでは意味がありません。まあせんせいは、そこに「子ども同士の『育ち合い』」の
視点・意識をもつことが大切だといいます。子ども主体の保育として、
まあせんせいが提唱する「子ども同士の『育ち合い』」とは、どのようなものなのでしょうか?

子どもたちは自らの力で豊かな心を育んでいく

この書籍を手に取ってくださり、ありがとうございます。まあせんせいこと、菊地政隆です。この書籍で紹介しているのは、子ども同士が「育ち合う」ことを目的とした遊びです。「育ち合い」とは、子ども同士が関わる中で、力を合わせて何かに取り組んだり、気持ちをぶつけ合ったりして、お互いの心を成長させる経験のことです。僕の園は、この「育ち合い」を大きな方針として保育を実践しています。

「育ち合い」は、子どもたちが集団で過ごしている園だからこそ、育むことができます。例えば、異年齢遊びでは、小さい子は年上の子にあこがれを抱いたり、同じようにやりたいとまねをするなど、様々な刺激を受けます。一方、大きい子は年下の子に対して、ゆずる・やさしく接するなどの気持ちをもつようになります。もちろん、同じ年齢の子ども同士でも、様々に関わり合い、気持ちをぶつけ合う中で、互いを思いやり、尊重しながら自分の気持ちを伝える力を育んでいきます。

我々保育者は、子どもたちの育ち合う力を信じ、その姿を温かい眼差しで見守ります。決して、子どもたちの行動を保育者が考える正解に誘導するような言葉かけはしません。子どもたちが発した言葉・行動・表情などを見逃さないように寄り添い、興味・関心が広がる環境づくりをおこないます。このように関わることで、子どもたちは自らの力で自主性を身につけるだけでなく、問題解決のために友達と一緒に考え、実行していく力を伸ばしていきます。

子ども同士の育ち合いは、日常保育の様々なシーンに存在しますが、この書籍では遊びに焦点を当てています。言うまでもなく、子どもたちは遊びを通して様々なことを学び、身につけていくからです。紹介した遊びは、どれもシンプルなものですが、それはくり返し遊ぶ中で、こうしたらもっと楽しく、おもしろくなるんじゃないかと自由に想像して、友達とオリジナルの遊びを作りあげてほしいからです。それぞれの遊びで、「育ち合いの観点」として保育者の関わり方のヒントを示していますので参考にしてください。

子ども同士が育ち合う遊びは、「子ども主体の保育」につながるだけでなく、子どもたちが将来人間関係を構築していく上で必要な力につながります。ぜひ、日常保育の遊びに取り入れてほしいと思います。

まあせんせいって どんな人？

PROFILE

まあせんせい（菊地政隆）

幼稚園教諭・保育士・児童学修士
学校法人菊地学園　理事長
社会福祉法人桜光会　理事長
有限会社菊地学園　代表取締役
星槎大学　客員教授

まだ男性保育者が少なかったころから、
「まあせんせい」の愛称で保育者から親しまれ、
支持されてきた菊地政隆先生について紹介します。

　昭和５年より保育事業を営む社会福祉法人東京児童協会の３代目として生まれ、淑徳大学社会学部保育士課程、聖徳大学大学院児童学研究科修士課程を経て、淑徳大学大学院総合福祉研究科博士後期課程満期退学。児童学修士。

　複数の保育園にて保育士を９年経験し、認可保育園にて園長を10年間務めたのち、実家をはなれて、埼玉県越谷市にある学校法人袋山学園しらこばと幼稚園の理事長・園長に就任。平成30年より幼稚園から認定こども園に移行し、令和元年６月に学校法人菊地学園に名称変更。事業継承を評価され、令和４年４月より社会福祉法人桜光会の理事長にも就任。

　「まあせんせい」の愛称で親しまれ、保育士で唯一TBS「情熱大陸」に取りあげられ、その後、皇室番組のコメンテーターを務めるなどメディアに多数出演。静岡第一テレビの子ども番組で歌のお兄さんとして10年間レギュラー出演。内閣府・東京都・全国の保育士会・幼稚園協会などの研修会や親子コンサートでも、オリジナルの手遊び、歌遊びを紹介し、年間100回を超す講師活動やキャリアアップの指定講師に任命されている。保育教材CD13枚、書籍６冊、18年にはCD＋DVD「まあせんせいとあそぼう!!」が厚生労働省社会保障審議会推薦児童福祉文化財に認定された。

まあせんせいの 大人気CD

（書籍で紹介している
遊びも収録されています）

まあせんせい てをたたこう！

日常保育で乳児から楽しめるふれあい遊びの曲がたっぷりのCD。各種行事や子育て支援などにも大活躍の１枚。
27231 CD１枚　全10曲
振付集（1色刷り20ページ）
定価￥2,750（本体￥2,500＋税）

【曲目】
1　てをたたこう！	6　ハローダンシング
2　なんでかな〜	7　からだすくすく
3　バナナがいっぱい！たべたいな〜	8　こころの花
4　ドレミファドンドン	9　魔法の合言葉
5　わっしょい！	10　みんなの笑顔

まあせんせい だいすきがいっぱい

日常保育の中から生まれた、子どもも保育者も笑顔になれる遊び歌がいっぱい詰まった、保育が大好きになるCDです。
27223 CD１枚　全８曲
振付集（1色刷り16ページ）
定価￥3,300（本体￥3,000＋税）

【曲目】
1　げんきむげんだい	5　じゃんけんタクシー
2　ノリノリみかん	6　ミルミルミルク
3　だいすきがいっぱい	7　もろこしカーニバル!!
4　にこにこあかちゃん	8　りょうてたたいて

EPISODE 1 アイドルへの道

　年長児クラスにアイドルグループが誕生したことがありました。ことのはじまりは「廃材を使った製作遊び」でした。空き箱で楽器を作ったことがきっかけで、数人の女の子たちが合奏ごっこを楽しみはじめたのです。今思えば、これがアイドルグループの最初のライブだったのかもしれません。なぜなら、この合奏ごっこのあと、彼女たちはアイドルへの道を歩みはじめたからです。

　とはいえ、彼女たちは廃材で作った楽器で楽しく遊んでいただけで、アイドルを意識していたわけではありませんでした。きっかけは、彼女たちの楽しそうな姿を見た保育者が、「アイドルグループみたいだね」と言った一言でした。この言葉かけで、彼女たちの気持ちに変化が生まれました。

　「私たちはアイドル！」。そんな気持ちがめばえた彼女たちが最初に取り組んだのは、ポスター作り。毎週金曜日にコンサートを開くと決め、その告知ポスターを作ったのです。またたく間に、園内のあらゆる場所にポスターが貼られました。

　しかし、初回のコンサートは、ファン第一号の僕のほか、お客さんはまばらな状態で終わりました。このあと、彼女たちがどうするのかと見守っていると、コンサートチケットを作ってお客さん集めに奔走。コンサート後には握手会をするなど、ファン獲得のために一生懸命取り組んでいました。その成果もあって、コ

ンサートは常に満員になるまでのぼり詰めました。

　最初のコンサートから応援していた僕は、このあとの活動を楽しみにしていましたが、耳に飛び込んできたのは、突然の解散宣言。解散の理由は、「音楽の方向性の違い」とのことでした。残念でしたが、それだけ真剣に取り組んでいた証拠だと思い、彼女たちの想いを受けとめました。しかし、残念でならなかった僕は、彼女たちに「卒園コンサートをやってほしい！」と直談判しました。

　僕の願いを聞いてくれ、やる気を取り戻した彼女たちは、卒園コンサートに向けて、新メンバーを募集し、ポスターの掲示やダンスの練習など、様々な準備に取りかかりました。そして迎えた当日。衣装の製作からコンサートの構成と司会進行・出演、すべてを自分たちでつくりあげたコンサートに全園児が集まり、大盛

◀コンサートを
告知するポスター。

▶ファン第一号として
ずっと応援してきた、
まあせんせいと卒園コ
ンサートで記念撮影。

私たちがアイドルです！

況のうちに幕を閉じました。活動期間は約半年でした
が、彼女たちの表情には自信があふれていました。

★ 保育者が心がけた主体性を育むポイント

　コンサートにお客さんを呼ぶためのチケット作り、
応援グッズやライブを告知するポスターの製作、そし
てダンスの練習などは保育者が教えたものではありま
せん。保育者がしたことは2つ。1つめは、子どもた
ちが「やってみたい！」と思ったときに、それができ
るような環境づくりをおこなったこと。例えば、ライ
ブの告知ポスターを作る際には写真が必要になるで
しょう。そこで、保育者が撮影した写真をプリントし
ておきます。また、文字を書くことを予測し、クラス
の壁にひらがな表を貼っておきました。このようにす
ることで、子どもたちは自分たちでポスターを完成さ
せることができました。

　保育者がすべてを準備するのではなく、子どもたち
に任せる部分との線引きをしっかりとおこなうことで、
子どもたちの主体性が育まれます。

　2つめは、一緒に考えることです。「どうしたらい
いと思う？」と、常に子どもたちに投げかけます。も
ちろん、ときにはヒントを出しながら。しかし、最終
的には、子どもたち自身が進む道を決められるように

▼一生懸命に練習したアイドルグループのダンス。

ダンス！ダンス！

します。子どもたち同士で話し合い、ときに意見が食
い違うような、友達との関わりを通して、自分の気持
ちに折り合いをつけるということも、園という同じ境
遇にいる子ども同士だからこそできる「育ち合い」です。
このくり返しの中で、彼女たちはアイドルとしても、
年長児としても大きく成長し、園全体を巻き込んだ卒
園コンサートを成功させることができたのです。

　これこそが、日々「自ら考える」ということを意識
した保育の積み重ねによる賜物だと思っています。

EPISODE

2

YouTuber 誕生！

アイドルグループの次は「YouTuber」のエピソードです。ある1人の男の子からクラス全体を巻き込むYouTubeブームが起こり、それが子どもたちの興味・関心から広がる保育に気づかされた例です。

はじまりは、「ぼく、ぶーちゃんねるをつくったよ！」という一言でした。段ボール箱で作ったお手製の枠の中が、その子にとってのYouTubeの世界でした。枠の製作だけでなく、ぶーちゃんのペープサート作りやぶーちゃんのお話づくり、オープニングの手遊びなど、様々な遊びがその枠の中で無限に広がっていきました。

そんな子どもの姿を見ていた担任の保育者が、ある朝の会でその子のYouTuber活動について、クラス全体に投げかけてみました。

「このクラスにYouTuberがいるみたいだよ！」

この一言でクラス全体の興味・関心が一気にYouTubeに集中。その直後からYouTuberが続出し、子どもたちそれぞれが、自分が考える思い思いのYouTuberを目指し、遊びはじめました。

それからしばらくすると、子どもたちの行動に変化が見えてきました。遊びはじめたころは、友達同士で見せ合いっこをしていましたが、もっと多くの人に見てほしいという気持ちが生まれてきたのです。

その気持ちが「YouTubeの発表会がしたい！」という声になって届いてきました。そこで帰りの時間に少し時間を設け、YouTubeの発表をしたい子を募り

▶「『〇〇〇〇』をうたってみた」という内容を披露し、みんなの注目を集めた子もいました。

▶YouTube遊びの火付け役となった「ぶーちゃんねる」で、様々な出し物をする子どもたち。

ました。これによって、YouTube遊びを通じて、人前で自分の意見を発表する経験を積み重ねることができ、『幼児期の終わりまでに育ってほしい10の姿』の、「⑨言葉による伝え合い」「⑩豊かな感性と表現」にもつながる活動になりました。

このあとも、子どもたちの想像力はどんどん広がっていきました。アナログ式の段ボールの画面からの配信では飽きたらず、もっと現実的な手法で自分たちの遊びを実現しようと考えはじめ、自分たちが活動している様子をスマホで撮影してほしいと保育者に依頼してきました。もちろん、保育者は引き受けましたが、最終的には子どもたち自身が撮影するようになり、さらにそれをプロジェクターを通して大画面に映し、鑑賞会を開催するところまで発展しました。子どもたちは本物のYouTuberの気持ちを味わうことができ、大満足でした。

★ 保育者が心がけた主体性を育むポイント

やはり、子どもが興味・関心をもったことを実現できる環境をつくることが大きなポイントになります。例えば、このエピソードでは画面の枠作りに必要な段ボールや画用紙などの素材を保育者が準備したことです。子どもたちが作りたいものを想像して、いろいろな素材の中から選ぶことができるようにしたというところが重要です。

また、子どもたちのやる気を引き出すためのきっかけづくりもポイントになります。ここでは「このクラスにYouTuberがいるみたいだよ！」の一言が、子どもたちの好奇心をくすぐりました。YouTube遊びが盛りあがり、それがみんなの前で発表することにつながるなど、遊びを通じて子どもたちが育ち合えることを見通せたからこそ発せられた一言だと思います。

そして、YouTube遊びを発表の機会につなげたことも、子どもたちの主体性を育む大きなポイントになったと思います。自分の番組の内容を伝える力と、ほかの子の発表を聞く力、それに対して意見を言える力などは、現代社会で求められるディスカッション能力を身につけることにつながります。自分が興味のあることだからこそ、しぜんに自信をもって発表できるようになることを感じました。

そして、何といってもYouTube遊びを保育者が子どもたちと一緒になっておもしろがり、楽しんだことがポイントになりました。大人の感性は、ときに子どもたちの興味・関心を広げていくことの妨げになることもあります。子どもたちの遊びがしぜんと広がるよう、頭をやわらかくして、一緒に楽しんでください。

EPISODE 3

みんなで家づくり
～保育とSDGs～

学校法人菊地学園では、変化する新たな社会への参画の指針として、理念である「ここで過ごした全員が幸せになってほしい。それが私たちの願いです」を実現するために、「SDGs」の概念を意識しています。誰一人取り残さないというコンセプトを基本に、今だけでなく未来を支える学園であり続けられるよう、「菊地学園×SDGs」と称して、毎月テーマを決めて様々な取り組みをおこなっています。紹介するエピソードは、「世界を知ろう！」というテーマの際に、子どもたちの遊びがSDGsに合致したときの話です。

あるとき、保育園の目の前で戸建ての建設がはじまり、子どもたちが「家を建てる」ということを間近に見る機会がありました。家が建っていく工程を見て、

「お家ってこうやってつくるんだね」と年長児が興味を示しました。それに気づいた担任保育者が、さっそくお家づくりを提案してみると、子どもたちはすぐにどんな家にするかを相談しはじめました。そのときのSDGsのテーマが「世界を知ろう！」ということもあり、日本だけでなく世界各国の家を調べてから、どんな家をつくるのかを決めようということになりました。そして決まったのが『白い壁と丸くて青い屋根が特徴的なギリシャの家』でした。

つくる家は決まりましたが、実際にどうやってつくるかは試行錯誤の連続でした。みんなで考え、話し合う姿は、まさに育ち合いそのものでした。家の枠組みは紙パックを使用することに決まり、必要な数を集めるために調理室へかけ込む子どもたち。みんなで予想した必要数には足りず、数日かけて集めました。そして、次は壁の色塗り。特徴的な白い壁は、子どもたちが塗ることになりました。筆で塗るよりも手で塗ったほうが効率的だと気づく子がいるなど、それぞれの方法で白い壁を完成させました。

次はちょっとむずかしい、丸くて青い屋根づくり。どうやったら丸くできるのか、いい案が出ない日々が続きました。そんなとき、自分たちがかぶっているカラー帽子とドーム型の屋根が似ていることに子どもたちが気づきました。そして、丸めた新聞紙を集めて丸

こんな家なんだ

◀日本だけでなく世界中のいろいろな家の写真を見て、興味津々の子どもたち。

塗り塗り

▲破れやすい新聞紙に苦労しながらも、
　写真で見た鮮やかな青い屋根をイメージして色を塗りました。

手で塗っちゃえ！

▲段ボールでギリシャの家特有の白い壁を再現しようと、
　様々な方法で自由に色塗りをする子どもたち。

型をつくり、それを青く塗った新聞紙で覆うことで、青くてドーム型の屋根が完成。白い壁と合体させて、ギリシャの家ができあがりました。

　完成した家を見て、つくりあげる喜びと達成感を抱いた子どもたちは、その家でたくさん遊びました。しばらくすると、子どもたちは家がボロボロになっていることに気づき、リフォームすることになりました。最初に解体が必要になるため、そのやり方を映像で確認しました。骨組みを残しながらていねいに解体したり、解体したものを分別したりする様子を見ていた子どもたちは、実際の作業でそれを実践していました。無事にリフォームを終え、再びその家で遊ぶ日々を送っていますが、子どもたちは卒園前にこの家の解体式をおこなうことを決めました。このエピソードを紹介している時点では、どのように解体式をおこなうか、みんなで話し合っているところです。

完成！

▲みんなで話し合い、相談しながら、
　一からつくった家に大満足の様子。

★ 保育者が心がけた主体性を育むポイント

　たまたま園の前で家の建設がはじまったのですが、それを遊びや活動につなげられたことが大きなポイントです。子どもから発信されることもありますが、保育者の一言がきっかけで子どもたちが夢中になれる遊びに発展することもあります。ここで大切なのは、子どもたちの興味・関心がどこにあるのかを見つける力。まさに保育者の専門性ともいえる部分です。

　また、もう１つのポイントとして、園の理念につながる「SDGs」の概念をしぜんに、かつしっかりと盛り込んでいた点も見逃せません。

　この活動で注目してほしいのは、自己選択の場面が多く見られたこと。壁の色塗りでも、筆でも手でも自分でやり方を決めていました。この選択の余白ともいえる部分をもった保育が、子どもたちの考える力を育むことにつながります。保育者が「こうでなければならない」といった固定概念にとらわれていると、そのような余白や余裕をもった保育はむずかしくなります。

だいすきがいっぱい

る1人のお母さんから相談を受けました。

「子どもが大きくなりワガママを言うようになりました。しかも、忙しいときに限ってワガママを言うので、つい手が出てしまうときがあります。先生、私はどうしたらいいですか?」

子どもがワガママを言うのは、「自分のことを見てほしい」「構ってほしい」という気持ちからです。そして、それはお母さんもわかっているはずです。しかし、そのときは「お母さん、ごめんなさい。宿題にさせてもらっていいですか」と言うことしかできませんでした。

2か月後に出した宿題の答えが『だいすきがいっぱい』(P.35) です。親子で一緒にうたいながら見つめ合って、抱きしめて、くすぐって……。そして、歌詞にたくさん登場する「すき」を言葉にして伝え合う。この曲には、ふれあい遊びの要素がすべて含まれています。親子でくり返しうたい、ふれあうことで、子どもの気持ちも満たされていき、お母さんも子どもを愛おしく感じる。「ふれあい遊びは心をつなげることができる」。そんな想いを込めて作詞した曲です。

きみもぼくも　だいすき　いっぱいいっぱい　だいすき
すきすきすきすき　すきすきすきすき　だいすきがいっぱい

まいまいまいまい　まいにちが　だいだいだいだい　だいすきで
あふあふあふあふ　あふれてる

きみもぼくも　だいすき　いっぱいいっぱい　だいすき
すきすきすきすき　すきすきすきすき　だいすきがいっぱい

親子でうたえるように、あえて歌詞をくり返しにしています。作曲していただいた新沢としひこ先生、ありがとうございました。

第2章

「ふれあい」が
育ち合いの基礎を育む！

子ども同士の育ち合いは、友達と空間や時間を共有することがベースになります。そこでは、ふれあい遊びが大活躍してくれます。ちょっとしたすきま時間でも、すぐにできる遊びをたくさん紹介します。

「おふろにはいろう」

作詞／菊地政隆　作曲／よしざわたかゆき

動画をチェック！
https://onl.tw/
U6ZT9KU

時間をたっぷりかけて、のんびりゆっくり楽しんでほしい手遊びです。お風呂になかなか入らない園児の保護者の声からつくりました。間合いを大切にしながら、左手をお風呂に見立てて、右手のお父さん指から赤ちゃん指まで順々に入れて、それぞれの家族のリアクションを楽しんでください。

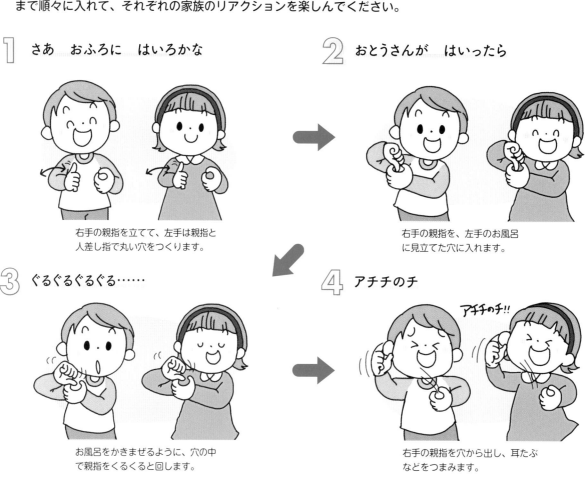

1　さあ　おふろに　はいろかな
右手の親指を立てて、左手は親指と人差し指で丸い穴をつくります。

2　おとうさんが　はいったら
右手の親指を、左手のお風呂に見立てた穴に入れます。

3　ぐるぐるぐるぐる……
お風呂をかきまぜるように、穴の中で親指をくるくると回します。

4　アチチのチ
右手の親指を穴から出し、耳たぶなどをつまみます。

育ち合いの観点
1人でも楽しめますが、2人組になって、お互いのお風呂に指を入れる方法でも遊べます。また、最初の設定はお風呂ですが、プールでも、温泉にしても楽しめます。どんな設定にするのかを子どもたち自身で考え、楽しんでみてください。

「ながいな〜」

作詞／菊地政隆　作曲／よしざわたかゆき

きりんさんの おくび きりんさんの の
おくび な〜がいな な〜がいな
な〜んで ながいのかな びよよ〜ん

動画をチェック！
https://onl.tw/yguFjW8

シンプルな動きで覚えやすい手遊びです。子どもたちはオーバーリアクションを楽しみます。いろいろな特徴のある動物でも楽しむことができます。くり返しやってみてください。

1 きりんさんの　おくび（×2）

片方の腕のひじと手首を曲げてキリンの首に見立て、もう片方の手をひじに添えます。

2 な〜がいな（×2）

両手を上へ2回伸ばします。

3 な〜んで　ながいのかな

腕を組み、首を左右にかしげます。

4 びよよ〜ん

両手を上へ一気に伸ばします。

育ち合いの観点

キリンをベースにしていますが、子どもたちの意見を聞いて様々な動物にアレンジしてみてください。ゾウの特徴を「耳の大きさ」という子もいれば、「長い鼻」という子もいます。子どもたち同士が話し合うほど楽しくなる手遊びです。

手遊び
歌遊び
ふれあい遊び
組み遊び
集団遊び
体操
育ち合いの歌

「雲のなか」

作詞／菊地政隆　作曲／よしざわたかゆき

「先生は魔法使いなんだ。見てて。指が増えたり減ったりしちゃうよ」。雲に見立てた手の中を通るたびに、指が増えていく様子がまるでマジックのような手遊びです。指の動きを練習するところからはじめてみてください。

動画をチェック！

https://onl.tw/5BmCDwx

1.ふ える ふえる ゆび ふ える ふ える
2.へ るよ へるよ ゆび へ るよ へ る

る ふえる ゆび ふえる くも ーのなか へ ー シュン
よ へるよ ゆび へるよ くも ーのなか へ ー シュン

1. シュン シュン シューーン
2. シュン シュン シュン シューーン

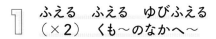

1 ふえる　ふえる　ゆびふえる （×2）　くも〜のなかへ〜

左の手のひらを自分に向けて開き、右手は小指を立ててうたいます。

2 シュン

右手を左手にすばやくクロスさせます。そのとき右手の薬指を立てて、指を2本立てます。

3 シュン

右手を元の位置にすばやく戻すと同時に、右手の中指を立てて3本にします。

4 シュン

2と同じ動きをすると同時に、右手の人差し指を立てて4本にします。

5 シューーン

3と同じ動きをすると同時に、右手の親指を立ててパーにします。

6 へるよ　へるよ　ゆびへるよ

両手をパーにしたまま、うたいます。

7 へるよ　へるよ　ゆびへるよ　くも〜のなかへ〜

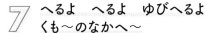

6をくり返します。

8 シュン

2〜4と同じ動きをして、今度は指を曲げていきます。

9 シュン　シュン　シュン　シューーン

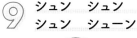

右手がグーになったらおしまい。

育ち合いの観点

左手を雲に見立てていますが、もちろん雲じゃなくても大丈夫！「何の中を通ったら指が減るかな？」と問いかければ、子どもたちの自由な発想が広がり、グループで話し合うきっかけづくりにもなります。また、指が増える減るの動きがあるので「何本増えた？」「何本減った？」など、数の認識にもつながります。

「なんぼんゆび？」

作詞／菊地政隆　曲／よしざわたかゆき

1.ゆびゆびゆびゆび　なんぼんゆび　ゆびゆびゆびゆび　なんぼんゆび

いっぽんゆ　び　ポン　にん　じゃ　に　へん　しん　だ

あ　〜　ニン　ニン　ニン　ニン　ニン　ニン

動画をチェック！

https://onl.tw/
yPgmFTJ

「さあ、忍者になろう!!」。1本指で何に変身できるかな？ 静かに移動したいとき、子どもたちとごっこ遊びを楽しみたいときなどに最適です！

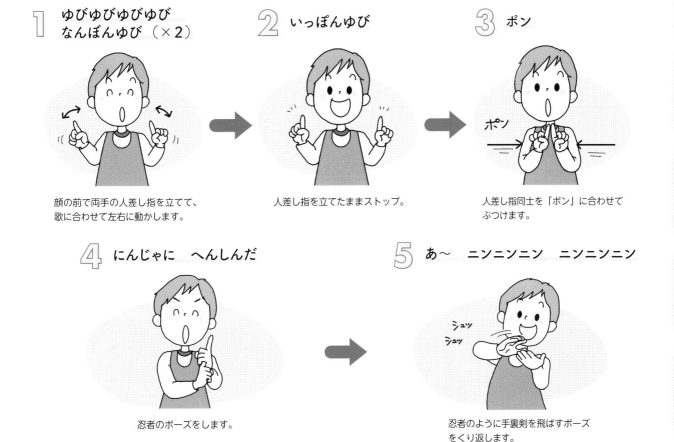

1 ゆびゆびゆびゆび
なんぼんゆび（×2）

顔の前で両手の人差し指を立てて、
歌に合わせて左右に動かします。

2 いっぽんゆび

人差し指を立てたままストップ。

3 ポン

ポン

人差し指同士を「ポン」に合わせて
ぶつけます。

4 にんじゃに　へんしんだ

忍者のポーズをします。

5 あ〜　ニンニンニン　ニンニンニン

シュッ
シュッ

忍者のように手裏剣を飛ばすポーズ
をくり返します。

育ち合いの観点

この遊びはあえて1本指のパターンしかありません。2本指、3本指からは子どもたちに考えてもらうなど、子どもたち同士の対話のきっかけにしてみてください！ ちなみに、実際に子どもたちに2本指なーに？ と聞いてみると、カニではなく「毛ガニ！」と返ってきました（笑）。

「1ぽんゆび」

作詞／菊地政隆　作曲／よしざわたかゆき

いっ　ぽんゆ　び　タンタンタン　タン　タンタン　タン　タンタン

いっ　ぽんゆ　び　タンタンタン　タン　タンタンタン　タン

動画をチェック！
https://onl.tw/
t8vaWMB

指の本数を変えながら楽しめる、簡単な手遊びです。だんだん本数を増やして、リズムよく手をたたいてみてください。5本までいったら、次は指の数を減らしていき、最後の一本指で静かに終わることもできます。

1 いっぽんゆび

両手の人差し指を顔の横で立てます。

2 タンタンタン

両手の人差し指を顔の横で立てます。

耳の横でリズムに合わせて、3回指をたたきます。

3 タンタンタン（×2）

反対側の耳の横でリズムに合わせて、3回指をたたき、もう一度反対側でくり返します。

4 にほんゆび　さんほんゆび　よんほんゆび ごほんゆび　タンタンタン……

たたく指の数を歌に合わせて増やしていきます。

育ち合いの観点

最初は保育者が前に出ておこないますが、慣れてきたら子どもたちが前に出ておこなってもいいでしょう。一緒におこなう人のリズムを意識しながら手をたたくことで、一体感が生まれます。

「ライトらいとレフトれふと」

作詞／菊地政隆　作曲／平井敬人

動画をチェック！

https://onl.tw/
FR2PF2a

一本指同士を合わせた瞬間に、指が移動したり、数が増えたり減ったりする遊びです。簡単な動きに見えるのに、やってみると意外にむずかしいのもこの曲の魅力です。

1 ライトらいと
レフトれふと（×2）

2 スリー　ツー　ワン
ハイ！　ハイ！　ハイ！

3 ハイ！
ハイ！　ハイ！

4 ハイ！　ハイ！　ハイ！
ハイ！　ハイ！　ハイ！

2と3の動作をくり返します。

「ライトらいと」で右手の人差し指を立て、「レフトれふと」で左手の人差し指を立てます。そのままリズムをとります。

カウントダウンのあと、指同士を合わせた瞬間、片方の手をグーにして、もう片方の手を押すようにして横へスライド。

再び、両手を合わせ、その瞬間にグーと人差し指を立てた手を入れ替えて、横へスライド。

2番

3番

両手は人差し指を立てたままおこない、「ハイ！　ハイ！　ハイ！」で手を合わせた瞬間に片方の手の中指も立てます。次の「ハイ！　ハイ！　ハイ！」で手を合わせると指が1本移動して、もう片方の手は指を3本立てた状態になります。

手を合わせた瞬間に、両手の指を1本ずつ増やしていきます。

育ち合いの観点

指の移動がスムーズにできるようになると、友達と見せ合うようになります。3番では、両手が5本指（パー）になったら拍手して終わるなどと決めると、そろってできたときに一体感が生まれます。

「みてみてみて」

作詞／菊地政隆　作曲／よしざわたかゆき

動画をチェック！
https://onl.tw/pRKTCCv

子どもたちの気をひいて集中させたいと思い、考えた遊びです。両手がグーの状態から、パチーンに合わせて、両手を合わせる指が増えたり、減ったりします。

1 みて（×8）

両手をグーにして、リズムに合わせて左右に揺らします。

2 て て て て て

グーにしたまま、カウントダウンするように待ちます。

3 パチーン

ぱちーん！

両手をパチンと合わせたら、右手だけ人差し指を立てます。

4 「パチーンで指が増えたり減ったりするよ！」

ぱちーん！　　ぱちーん！

パチーンをくり返して、立てる指を増やしたり減らしたり、右手から左手、左手から右手に移動させたりしましょう。

育ち合いの観点

コツが必要な手遊びだからこそ、子どもたちが上手になりたいと挑戦します。むずかしいことに挑戦することで、子ども同士で教え合うなどの姿もしぜんと見られるようになります。

「どっちの手に」

作詞／菊地政隆　作曲／平井敬人

動画をチェック！
https://onl.tw/
AYTFPa4

どっちのてに はいってる か どっちのてに はいってるか どっちのてに はいってるか　3　2　1 ハイ

どっちの手に入っているか？ を当てるゲームです。手の中に隠せるくらいの小さいものを準備し、それを片手に持って両手を振ります。「ハイ」の瞬間にそれを隠して、どちらに入っているか当ててみましょう！

1 どっちのてに　はいってるか（×3）

片手に消しゴムを持ち、反対の手は開きます。

2 3 2 1 ハイ

「ハイ」と同時に、手を合わせて（どちらかの手に消しゴムを入れ）、両手をグーにして顔の横に構えます。

3 「どっちかな」

見ていた子が（消しゴムが）入っていると思う手を指差します。

4 「ハイ（ピンポーン　あたり）（ざんね〜ん）」

両手をパーにして、消しゴムが入っている手を当てた人には「ピンポーン　あたり」、違う手を指差した人には「ざんね〜ん」と言います。

育ち合いの観点

相手の表情を見ながら、隠しているのを当て合います。最初は保育者対子どもでおこないます。子ども同士で一対一や一対複数でおこなうのも楽しいです。

「どっちの手に入っているか？」

作詞／菊地政隆　作曲／よしざわたかゆき

動画をチェック！
https://onl.tw/
SVtu49h

て ー のなかに　はいってる のは　どどど　どっちかな ハイ

さあ真剣勝負！ どっちの手に入っているかを当てる簡単なゲームです。最初は保育者が消しゴムなど大きなものでおこないましょう。慣れてきたら、切った輪ゴムを使うと難易度がアップしてより楽しめます。

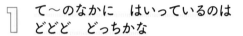

1　て〜のなかに　はいっているのは
どどど　どっちかな

片手に消しゴムなどを持ってうたいます。

2　ハイ

うたい終わりの「ハイ」と同時に、手を
合わせ片方の手の中に隠します。

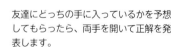

3　「どっちかな〜？　（ざんねん〜はずれ）
（ピンポーン　あたり）」

友達にどっちの手に入っているかを予想
してもらったら、両手を開いて正解を発
表します。

育ち合いの観点

気づかれないように片手の中にものを隠すのは、子どもにとっては少しむずかしいからこそ、どうしたらできるのかな？ と考えるようになります。また、当てたときの子どもたちのリアクションも見どころです。

「まねっこどうぶつ」

作詞／菊地政隆　作曲／よしざわたかゆき

うち の い ぬ が　やって きて　　みん な に あい さつ　こう いっ た

わ わわん　わ わわん　わ わ わわん　　わ わわん　わ わわん　わ わ わわん

うち の い ぬ が　やって きて　　みん な に あい さつ　こう いっ た

わん わん わん わ わん わん わん わん わん　　わん わん わん わ わん わん わん わん

動画をチェック！
https://onl.tw/KZjHCdh

イヌの動きを様々に表現しながら、いろいろなリズムの鳴き声をまねっこする遊びです。子どもたちが楽しめるよう、鳴き方を工夫するのがポイント。慣れてきたら子どもたちが前に出て、見本となってみましょう。

1 うちのいぬが　やってきて

右手を影絵の "キツネ" の形にして、右から中央に移動します。

2 みんなにあいさつ　こういった

右手を前に突き出していきます。

3 わわわん　わわわん　わわわわん （×2）

指を開き、鳴きまねをします。

4 うちのいぬが～　こういった　「はい！」

もう一度、1〜3をくり返し、最後に「はい！」と言って手を開き、子どもたちに合図します。

5 わわわん　わわわんわわわわん （×2）

子どもたちは保育者の鳴き声をまねします。

育ち合いの観点

歌詞ではイヌが登場していますが、ほかの動物でもおこなってみましょう。子どもたちと相談して決めたり、どんな鳴き声なのか想像する必要がある動物を提案したりして楽しみましょう。

「レーザー光線ビ・ビ・ビ・ビーム」

作詞／菊地政隆　作曲／よしざわたかゆき

動画をチェック！

うちゅうの は てから やってきた レー ザーこうせん ビ ビ ビーム

https://onl.tw/
fvXdEBj

子どもたちに注目させたいものに向かって、ビームを発射してください。ものの名前や方向などを子どもたちは
ゲーム感覚でしぜんに覚えます。

1 うちゅうのはてから　やってきた

一緒に手拍子をします。

2 レーザーこうせん　ビ・ビ・ビーム　「いす」

両手を合わせて、指で鉄砲をつくり、目標物に向
かってレーザー光線をはなつような動作をします。

こんなアレンジも

「先生がビームを当てたところを隠してね！」
と言い、いろいろな体の部位に向けてビームを
発射してみましょう。子どもたちが、頭やおへ
そ・おなかを隠したりする遊びになります。

頭ビーム

おへそビーム

おなかビーム

育ち合いの観点

慣れてくると子ども同士で遊べるようになります。最初のフレーズを保育者がうたって
きっかけをつくれば、子どもたちはしぜんと様々なものにビームを発射しはじめます。

「元気もりもり」

作詞／菊地政隆　作曲／よしざわたかゆき

動画をチェック！

げ ん き げ ん き　げ ん き げ ん き　げ ん き い っ ぱ い　ジャンケン ポン

https://onl.tw/
Lwa11ya

雨の日の朝の活動に取り入れたくてつくった遊びです。おなかからたくさん声を出すことができる遊びです。勝っても負けても関係なしに、とにかく声を出す単純なかけ合いが、子どもには親しみやすくなっています。

1 げんきげんき（×2）　げんきいっぱい

2 ジャンケンポン

2人で向かい合い、手をグーにして、リズムをとりながら左右に動かします。

ジャンケンをします。

3 「勝っても負けても……元気もりもり！」

「元気もりもり！」のかけ声に合わせて両手をあげてガッツポーズ！

育ち合いの観点

くり返し楽しんだら、保育者に代わって子どもがかけ声を出して楽しんでみてもいいでしょう。また、勝ったら「元気もりもり」と言える、あいこなら言える、負けたら言えるなど、子どもたちでルールを考えることで遊びをアレンジすることもできます。

「飛んでったところは」

作詞／菊地政隆　作曲／平井敬人

https://onl.
tw/2WqYHR1

ある日乳児がひじを指差し、「ココいたいのいたいの」と言ってきたので「いたいのいたいのとんでいけ〜」とこたえたら、それを何度もくり返すことになったのがきっかけで生まれた遊びです。遊びの中で体のいろいろな部位や上下左右などを覚えることにつなげることもできます。

1 いたいのいたいの　とんでゆけ（×２）
とんでったところは

2 おなか！（かた！）（ひざ！）

おなか！

２人で向かい合い、歌に合わせて手拍子します。

１人が指差したところに、もう１人が手を当てたりします。

交代して
何度かおこなったら、役を交代しておこないましょう。

あたま！
はな！

かた！
ひざ！

指を差さずに声だけのバージョンも。

 育ち合いの観点 最初は保育者が子どもたち全員に対して、指差し役で見本を見せましょう。そのあと、子どもが前に出て保育者役をやってみたり、子ども２人組になって指差すところを考えながらおこなうことで遊びが広がります。

「拍手は何回」

作詞／菊地政隆　作曲／平井敬人

みんな で みんな で は く しゅ　みんな で みんな で は く しゅ

は くしゅ はー □ か い ー　さ あい くよ

1 2 3 …

□の回数分、
数をかぞえながら拍手する

動画をチェック！

https://onl.tw/
gnexLvg

みんなで気持ちを合わせて、拍手をする遊びです。言われた回数の拍手の数をかぞえながら、みんなで楽しくやってみましょう！

1 みんなで　みんなで　はくしゅ（×2）

2人で向かい合い、歌に合わせて両手を左右に動かします。

2 はくしゅは〜　5回〜　さあいくよ

2人でうたいながら、1人が好きな回数を言います。

3 1 2 3 4 5

言われた回数の拍手を2人一緒にたたきます。

育ち合いの観点

目の前の友達と気持ちを合わせる＝協力する心が育まれます！ また、気持ちを合わせることを楽しむだけでなく、数の認識にもつながります。スピードを速くしていくとさらに盛りあがりますよ。

「パッパパぱっくん」

作詞／菊地政隆　作曲／平井敬人

動画をチェック！

https://onl.tw/
JBuscgk

乳児向けにつくった曲名の通り、グーチョキパーの動きをくり返し、手先を動かす遊びです。のんびりとスタートしてくり返しながら、少しずつ曲のテンポをあげてみると、楽しみ方も広がります。

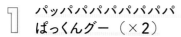

1
パッパパパパパパパパパパパ
ぱっくんグー（×2）

「ぱっくんグー」のところで両手を肩ぐらいにあげてグーを出します。

2
パッパパパパパパパパパパ
ぱっくんチョキ（×2）

「ぱっくんチョキ」のところで両手を肩ぐらいにあげてチョキを出します。

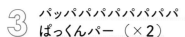

3
パッパパパパパパパパパパ
ぱっくんパー（×2）

「ぱっくんパー」のところで両手を肩ぐらいにあげてパーを出します。

4
グー！　チョキ！　パー！
パッパパパパパパパパパ　パーではくしゅ！

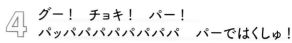

拍手をします。

育ち合いの観点

保育者はもちろん親子や友達と向かい合っておこなうことで、息を合わせる楽しさを感じることができます。最後の拍手でみんなで喜び合うのもポイントです。

「ぐーチョキッとパ」

作詞／菊地政隆　作曲／平井敬人

動画をチェック！

https://onl.tw/idSXmzn

乳児向けにつくったグーチョキパーの動きを中心としたかいぐりや拍手が楽しめる、シンプルな遊びです。

1 ぐー（×4）

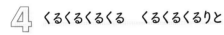

両手をグーにして肩の高さくらいにあげます。

2 ちょこっと　チョキッと

両手をチョキにします。

3 パパパパ（×4）

両手をパーにします。

4 くるくるくるくる　くるくるくるりと

両手をぐるぐる回します。

5 パーパーパーパーパー！

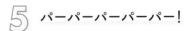

両手をパーに戻しておしまい。

育ち合いの観点

グーチョキパーの動作はもちろん、「くるくる……」でかいぐりする動作などを友達と一緒におこなうと、笑い合いながら楽しんでいる姿が見られると思います。

歌遊び

「じゃんけん！ ワーイ」

作詞／菊地政隆　作曲／平井敬人

みんなが大好きなジャンケンゲームです。勝ち負けはもちろんですが、ジャンケンするまでの動きも楽しめます。

動画をチェック！

https://onl.tw/GKhe6s9

1 きみきみきみと
ぼくぼくぼくの

「きみきみきみと」で親指と人差し指を立てて前に突き出し、「ぼくぼくぼくの」で親指を立てて自分に向けます。

2 しんけんしんけん
しんけん　しょうぶ

親指を立てたまま、片方の腕を振ります。

3 かったらうれしい　（わーい！）
まけたらくやしい　（うー！）

「わーい！」では両手をパーにして上に開くように、「うー」では両手の手首をつけるようにします。

4 リズムにあわせて
いくよ！　じゃんけんポン！
あいこでポン

6 もひとつおまけに
いくぜ　じゃんけんポン！
あいこでポン！

ジャンケンをします。

5 てをたたいて
パンパンパンパンパンパーン（×2）

手をたたきながら右から左に手を往復させます。

育ち合いの観点

はじめは保育者対子どもたちでおこない、一緒にリズムに合わせてポーズをとったり手拍子したりしますが、慣れてきたら子ども同士でも楽しむことができます。

「まねっこちゃん」

作詞／菊地政隆　作曲／野村裕子・白戸夢実

ままままねっこ　ままままねっこ　まねっこ できるか　な

うさぎのまねっこ　ぴょんぴょんぴょん（はい！）ぴょんぴょんぴょん　おわりだ　よ

この部分は、いろいろなバージョンでおこなう

動画をチェック！

https://onl.tw/
SQL4Q9b

歌遊び

「ままままねっこ ままままねっこ」とうたいながら、左右にヒールタッチからスタート！ いろいろな動物の動きをまねっこして楽しんでください。

1 ままままねっこ（×2）

右手の人差し指を立て、左手は腰に置いて、右足のヒールタッチ。

2 まねっこできるかな

足をそろえて、両手をぐるぐる回します。

3 うさぎのまねっこ ぴょんぴょんぴょん（はい！）

保育者がうさぎのまねをしながら、3回ジャンプして、「はい！」と子どもたちに合図。

4 ぴょんぴょん ぴょん

子どもたちもうさぎのまねをして、3回ジャンプします。

5 おさるのまねっこ うっきっきー

保育者がさるのまねをしたら……。

6 うっきっきー

子どもたちもさるのまねをします。

7 おわりだよ～

最後は、両手をひらひらさせながら上からおろします。

育ち合いの観点

何のまねをするのかを一緒に考えることで、子ども同士の対話が生まれます。「まねっこは3つまで」などとルールを設けると、様々な意見が出て、自分の意見を主張するのかゆずるのかなど、解決に向けたやりとりが育ち合いにつながります。

「たんけんたい」

作詞／菊地政隆　作曲／野村裕子・白戸夢実

た　た　た　た　たんけん　たんけんたい　　　た　た　た　た　たんけん　たんけんたい

どーん　などう　ぶつ　でてくるの　　ライオン　が　でてきたぞ

ガオ　ガオ　ガオ　　いろん　な　ど　う　ぶ　つ　で　て　き　た　ね

この部分は、いろいろなバージョンでおこなう

動画をチェック！

https://onl.
tw/3sSihbs

「どーんなどうぶつ でてくるの？」とうたいながら、双眼鏡にした両手をのぞきます。いろいろな動物を見つけて、様々な鳴き声でくり返し楽しむことができます。

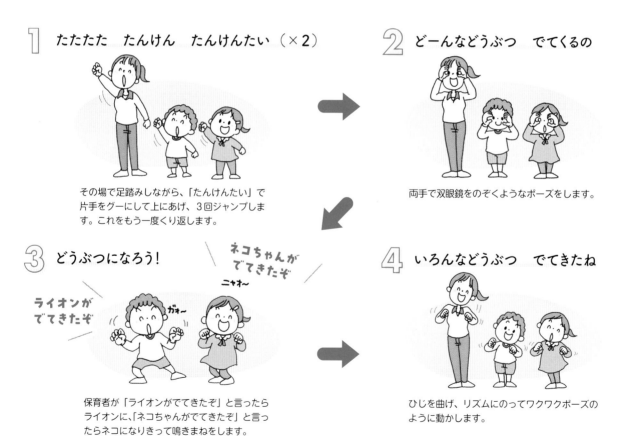

1 たたたた　たんけん　たんけんたい（×2）

その場で足踏みしながら、「たんけんたい」で片手をグーにして上にあげ、3回ジャンプします。これをもう一度くり返します。

2 どーんなどうぶつ　でてくるの

両手で双眼鏡をのぞくようなポーズをします。

3 どうぶつになろう！

ネコちゃんが
でてきたぞ

ニャオ〜

ライオンが
でてきたぞ

ガオ〜

保育者が「ライオンがでてきたぞ」と言ったらライオンに、「ネコちゃんがでてきたぞ」と言ったらネコになりきって鳴きまねをします。

4 いろんなどうぶつ　でてきたね

ひじを曲げ、リズムにのってワクワクポーズのように動かします。

育ち合い
の
観点

探検中に見つかる動物とその鳴き声を決める過程で、「まねっこちゃん」（P.33）と同様の育ち合いを見ることができます。くり返し遊ぶ中で動物や鳴き声が重複しはじめたら、みんなで絵本や図鑑で調べて遊びに取り入れてみましょう。

「だいすきがいっぱい」

※ CD「まあせんせい だいすきがいっぱい」に収録されています。

作詞／菊地政隆　作曲／新沢としひこ

きみも ぼく もー　だいすきー　いっぱい いっぱい だいすきー
すきすきすきすき すきすきすきすき だいすきが いっぱい　Fine
まいまいまいまい まいにちが　だいだいだいだい だいすきで
あふあふあふあふ あふれて る　—　D.C.

動画をチェック！

https://onl.tw/
WCiU34r

向かい合って手をたたいたり、ぎゅーっと抱きしめたり、こちょこちょしたり……。たくさんのスキンシップが
楽しめる遊びです。

1 きみもぼくも　だいすき
いっぱいいっぱい　だいすきー

向かい合って、両手をつない
でリズムをとります。

2 すきすきすきすき（× 2）

お互いの両手を合わせます。

3 だいすきがいっぱい

やさしくハグします。

4 まいまいまいまい　まいにちが
だいだいだいだい　だいすきで

両手をつないで、左右に揺ら
します。

5 あふあふあふあふ　あふれてるー

お互いに腰あたりをくすぐり
合います。

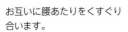

1 〜 3 をくり返します。

育ち合いの観点

好きがいっぱいあふれているこの曲。向かい合って一緒にうたいながら楽しんでください。しぜんと心が通じ合うような、あたたまるような雰囲気を感じることができます。信頼関係や愛着形成のほか、友達同士の関わりを深めることにもつながります。

「かぞくのアイスクリーム」

「どんなアイスが好き？」。親しみやすいアイスクリームをテーマにしたふれあい遊びです。お父さん指（親指）から赤ちゃん指（小指）までツンツンしながら、最後のクルクル〜では手のひらに円を描くようにくすぐってみてください！ 子ども同士はもちろん、親子のふれあい遊びにも最適です。

動画をチェック！

https://onl.tw/
iY5Z6LW

準 備 2人で向かい合い、1人が右手で相手の左手首を持ちます。

1 パパは
モナカ　ナカ（×4）

2 ママは
シャーベット　ベト（×4）

3 おにいさんは
かきごおり　ゴリ（×4）

左手の人差し指で相手の親指を指し、ツンツンします

相手の人差し指を指し、ツンツンします。

相手の中指を指し、ツンツンします。

4 おねえさんは
ジェラート
ラト（×4）

5 でも（×4）
ぼくは

6 クル（×4）

7 ソフトクリーム
パクッ

相手の薬指を指し、ツンツンします。

相手の小指を指し、ツンツンします。

相手の手のひらをクルクルします。

「パクッ」で左手同士をパチンと合わせます。

作詞／菊地政隆　作曲／平井敬人

パ　パ　は　モ　ナ　カ　　ナカ ナカ ナカ ナカ　　マ　マ　はシャーベット　　ベト ベト ベト ベト

おに いさんはかきごおり　　ゴリ ゴリ ゴリ ゴリ　　おね えさんはジェラート　　ラト ラト ラト ラト

でも でも でも でも でも　　ぼ　く　は　　クル クル クル クル　ソフトクリーム パクッ

育ち合いの観点

まずは保育者とこどもの2人組でおこない、見本を見せましょう。そのあとで子どもたちが向かい合っておこなうと導入がスムーズです。この遊びには、言葉遊びの要素も含まれています。友達と一緒にうたうことで、むずかしい擬音語もうたえるようになり、お互いの指をツンツンすることでコミュニケーションも楽しくなります！

「どっちにいくか」

作詞／菊地政隆　作曲／平井敬人

動画をチェック！

https://onl.tw/
q121Y9w

2人組になり、1人が腕を持って腕の内側で指を上下に動かしていきます。徐々にくすぐったくなっていき、最後は思いっきりコチョコチョするふれあい遊びです。

1 どっちにいくか　まよっちゃう（×2）

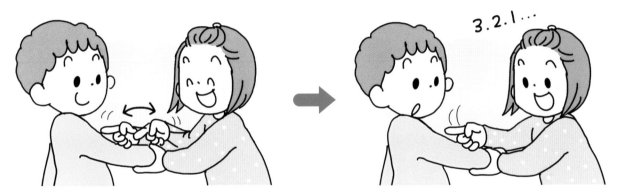

向かい合った1人が右腕を伸ばし、相手は左手で手首をつかみ、右手の人差し指で伸ばした腕の上を上下になぞります。

2 3 2 1

伸ばした腕の真ん中あたりを、人差し指でカウントダウンするように振ります。

3 ホイ 「コチョコチョコチョ～」

相手の腕を自由にくすぐります。

育ち合いの観点

互いが最後にコチョコチョがあることをわかっているので、一緒にうたいながらおこなうと、くすぐる子もくすぐられる子もそれぞれでスリルが高まっていきます。

右側タブ：手遊び／歌遊び／ふれあい遊び／組み遊び／集団遊び／体操／育ち合いの歌

「はじめましてぷーにぷに」

作詞／菊地政隆　作曲／平井敬人

動画をチェック！

https://onl.
tw/1A8RE4m

のんびりうたいながらおこなう、赤ちゃんとのふれあい遊びです。体をさすりながら、ぷにぷにとやさしくおなかをさすります。「ニコニコ」でほっぺを指でなぞり、ツンツンしてみてください。

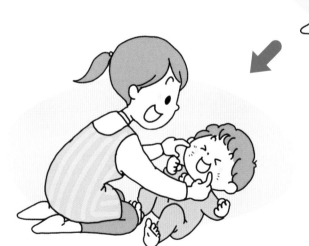

1　はじめまして　ぷにぷに
　　ぷにぷに　ぷにぷに（×2）

赤ちゃんのおなかあたりをさすります。

2　ニコニコニコニコ
　　つんつんつん（×2）

「ニコニコニコニコ」で赤ちゃんのほおを人差し指でなぞり、「つんつんつん」で、やさしくつつきます。これを2回くり返します。

育ち合いの観点

親子のコミュニケーションを第一に考えましたが、年長クラスの子が赤ちゃんにやることも想定しています。異年齢の関わりにも活用してみてください。

「アワワワワ」

作詞／菊地政隆　作曲／平井敬人

うえにも した にも ななめにも うえにも した たにも
ななめにも うえにも した たにも ななめにも
グルグルグルグル グルグルグルグル — アワ ワワ ワワ ワワ

動画をチェック！

https://onl.tw/rpa1kEY

手遊び
歌遊び
ふれあい遊び
組み遊び
集団遊び
体操
育ち合いの歌

ゆっくりと円を描くように赤ちゃんの体をなで、最後に少しタメをつくってから「アワワワワ……」と赤ちゃんを驚かせるふれあい遊びです。

1 うえにも　したにも　ななめにも（×3）

歌に合わせて赤ちゃんの体を上から、下から、斜めから、さするようになでます。

2 グルグルグルグル（×2）

赤ちゃんのほおを円をかくようにさすります。

3 アワワワワ　ワワワ

赤ちゃんに向いたまま、自分の口に手をかざして「アワワワワ」と言います。

育ち合いの観点

赤ちゃんに「アワワワワ」をしてもいいし、「コチョコチョ」に変えても楽しいですよ。

「のぼっちゃえ」

作詞／菊地政隆　作曲／平井敬人

のぼっ ちゃえ　　のぼっ ちゃえ　　どんどんどんどん　のぼっ ちゃえ

のぼっ ちゃえ　　のぼっ ちゃえ　　どんどんどんどん　のぼっ ちゃえ

rit.- - - - - - - - a tempo

の ぼった ー ばしょは　　～　　　　　　おな　か　コチョコチョコチョ

頭、おなかなど、いろいろな体の部分でうたう

動画をチェック！

https://onl.tw/
GR5QxDu

向かい合って寝ている子どもの体をツンツンしながら、最後はコチョコチョします。歌は軽快にうたって
みてください。

1　のぼっちゃえ　　のぼっちゃえ
　　どんどんどんどん　　のぼっちゃえ（×2）

　　赤ちゃんの足からおなかの方へ、人差し指でつつきなが
　　らのぼっていきます。これをもう一度くり返します。

2　のぼったーばしょは～　おなか！
　　コチョコチョコチョ

　　赤ちゃんのおなかあたりをくすぐります。

育ち合い
の
観点

遊び方が体をツンツンして最後にくすぐるだけの簡単な動きなので、親子はもちろんです
が幼児の子ども同士でも楽しむことができます!!

第3章

みんなで遊んで盛りあがろう！

子どもたちが互いを思いやり、尊重しながら、自分の気持ちも伝えていく。自分だけではむずかしいことも、友達と一緒ならできることがある。そんな気持ちをしぜんと育んでくれる遊びを紹介します。

「ジャンケンこ～ちょこちょ」

作詞／菊地政隆　作曲／よしざわたかゆき

あくしゅで　こんにちは　もひとつおててで　ジャンケンポン

動画をチェック！
https://onl.tw/waWa2WS

握手をしてジャンケンポン。勝ったら、相手の手の甲をたたきます。負けたら、手を入れてたたかれるのを阻止します。

1 あくしゅで　こんにちは

2人で向かい合って椅子に座り、片手で握手します。

2 もひとつおててで
ジャンケンポン

握手をしたまま、反対の手でジャンケンします。

3 「勝った！」

ジャンケンに勝った子どもが、負けた子の手の甲をたたきます。負けた子は手を入れて、たたかれないようにします。

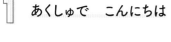 アレンジ

2 もひとつおててで
ジャンケンポン

握手をしたまま、反対の手でジャンケンします。

3 「こちょこちょこちょ……」

こちょこちょ

ジャンケンに勝った子が、負けた子を握手をしたままくすぐります。

 育ち合いの観点

握手をするだけでお互いの距離が縮まります。慣れてきたらたたくだけではなく、くすぐるなどいろいろな動作を子どもたちと考えて遊んでみましょう。

「てをつかめ」

作詞／菊地政隆　作曲／よしざわたかゆき

動画をチェック！

https://onl.
tw/5uvJF5D

2人で向かい合い、1人が両手を開いて、もう1人が片手を上にあげて開いた両手の間を通過させます。手を閉じてつかまえられるかを楽しむ遊びです。

1 つかめつかめ　てをつかめ（×2）

2人で向き合い、片方の子が片手をあげ、もう片方の子が両手を開いて、あげた手が落ちてくるのを待ちます。

2 おちてきますよ
テ　テ　テ　テ　テ……　パチン

テ・テ・テ・テ……とうたっている間の好きなタイミングで、あげた手を振りおろします。待っている子はその手をつかまえてみましょう。

つかまえられたら……
つかまえた子が相手をくすぐります。

つかまえられなかったら……
手を振りおろした子が相手をくすぐります。

ざんねん～
こちょこちょ～

育ち合いの観点

向かい合って一緒にうたいながら、相手が動くタイミングを見定めるというシンプルな遊びですが、集中することが必要になり、それが楽しさのポイントになります。交代して、くり返し遊びましょう。

手遊び

歌遊び

ふれあい遊び

組み遊び

集団遊び

体操

育ち合いの歌

空から何かが降ってくる

作詞／菊地政隆　作曲／平井敬人

C　　　　　F　　　G　　　C
そらから なにかが ふってくる　そらから なにかが ふってくる

Am　　　　　F　　　G　　　C
そらから なにかが ふってくる　て て て て て ホイ!

動画をチェック!

https://onl.tw/
GSat5vg

2人組で向かい合って、1人があげている手を振りかざし、もう1人の子がその手をパチン! とつかまえる遊びです。

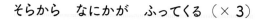

そらから　なにかが　ふってくる（×3）

てててててホイ!

向かい合った1人が右手を上にあげながらリズムに合わせて振り、もう1人は手拍子します。

あげていた右手を「ホイ」で下に振りおろしたら、手拍子をしていた子はその手をつかまえます。

て て て て て
ホイ! 「残念〜」

つかまえられるかな? つかまえられなかったら、くり返しチャレンジ!

育ち合いの観点

上から降ってくる手をつかまえるだけの簡単な遊びですが、うたいながらおこなうことでくり返し楽しめます。基本はつかまえたら交代ですが、つかまえたらくぐる、つかまえたら1ポイント獲得など、子どもたちでルールをつくるとさらに遊びが広がります。

「みあってみよう」

作詞／菊地政隆　作曲／平井敬人

動画をチェック！

https://onl.tw/HzkSMub

腕ずもうや指ずもうをするためにつくった作品です。いろいろな人と指や腕を組んで、楽しんでください。

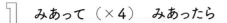

1　みあって（×4）　みあったら

お互いの親指を立てて、ほかの4本指を組みます。

2　3　2　1　ゴー

「ゴー」で、指ずもうをはじめます。

育ち合いの観点

向かい合って息を合わせて、タイミングよくスタートするなど、相手を意識しながら楽しむことができるところがポイントです。

45

「ゆびずもう」

作詞／菊地政隆　作曲／よしざわたかゆき

動画をチェック！

https://onl.tw/
h7CbKmM

ゆびずもうは誰もが知っている伝承遊びとして有名ですが、もっと楽しみやすくできないかと考え、ゆびずもう専用の遊び歌をつくってみました。

1 ゆびをくんだら　とまらない　ゆびとゆびとの
しんけんしょうぶ　そろそろじかんだ　はじめよう

2人で向かい合い、ゆびずもうをするように手を
組んでリズムをとります。

2 「みあって（×2）　はっけよーい　のこった」

「のこった」のかけ声で、ゆびずもうをスタート。

3 「……そこまで」

「そこまで」と声がかかる前に
相手の親指を押さえ込んだほう
が勝ち！

育ち合いの観点

基本は2人でおこないますが、3人で輪になり両手で楽しむのもこともできます。両方の
友達を意識しながらおこなうのは大変ですが、その分盛りあがります。

「うで相撲」

作詞／菊地政隆　作曲／よしざわたかゆき

動画をチェック！
https://onl.tw/
dTALG4W

うでずもう　うでずもう　みあって みあって　1 2 3

うで相撲で力くらべをしている子どもたちがもっと楽しめるようにつくりました。

1 うでずもう（×2）　みあってみあって
1　2　3

2人で向かい合って座り、うで相撲をする
ように手を組んでリズムをとります。

2 「レディー　ゴー」

「ゴー」の合図でうで相撲をスタート。

3 「勝った！」

相手の手の甲を机につけ
たほうが勝ち！

育ち合いの観点

子どもたちがトーナメント表を作って、この遊びを楽しんでいる姿をよく見ます。シンプ
ルな遊びも音楽があるだけで盛りあがりが違います。

「おおきくなあれ」

作詞／菊地政隆　作曲／平井敬人

おおきくおおきく　おおきくな あれ　いきーをあわせて　ホイ ホイ ホイ ホイ

「発表会の幕間の時間に、大人でも楽しめる遊びをつくろう！」という意見からできた遊び。指を使ってしゃくとり虫のまねをします。両手の親指と人差し指をくっつけて、「ホイ」のタイミングで、しゃくとり虫の要領で動かしてみましょう！ まずは自分1人で。そして2人組でおこなうとさらに楽しめます！

1人で

1 おおきく　おおきく　おおきく　なあれ

親指と人差し指を立てて三角をつくり、上下に指を開いたり閉じたりします。

2 いきをあわせて　ホイ……

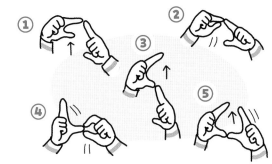

親指と人差し指が交互に上へのぼっていくように動かします。

2人で

1 おおきく　おおきく　おおきく　なあれ

2人組になってお互いの親指と人差し指で三角をつくり、上下に動かします。

2 いきをあわせて　ホイ……

向かい合ったまま、2人の親指と人差し指が交互に上へのぼっていくように動かします。

育ち合いの観点

少しむずかしい遊びですが、そこがポイントです。2人でやるときは友達と協力して息を合わせないとうまくいきません。どうしたらうまくいくのかな？ としぜんと対話が生まれ、考える力も育まれます。

「なまけもの」

作詞／菊地政隆　作曲／平井敬人

動画をチェック！

https://onl.tw/
uvQ4P3z

な　まけ もの が　　ぶら さがる　　みんなの ー うでに　じゃんけん ホイ！な　　ま け もの

2人組になってジャンケンで勝ったら、二の腕をグイグイのぼられちゃう遊びです。スタートは両腕をゆらゆらさせて、のんびり揺れます。ジャンケンに勝った子は、注射を打たれるように腕を出し、負けた子がその腕をグイグイつかみながらのぼっていきます！

1 なまけものが　ぶらさがる　みんなのうでに

2 じゃんけん　ホイ！

2人向かい合い、両手を前で組み、
左右に揺らすように動かします。

じゃんけんをします。

3 な・ま・け・も・の

ジャンケンに勝った人が腕を出し、
負けた人がその腕をのぼるように
伝っていきます。

育ち合いの観点

子どもたちにとって、ジャンケンの勝ち負けは一喜一憂。子どもの「罰ゲームをやりたい！」という心理をついて、この遊びはジャンケンで勝ったほうがくすぐられる設定になっています。

組み遊び

「ちょこっとな」

作詞／菊地政隆　作曲／よしざわたかゆき

いっちょうめの ー かどか らー　こ ちょこ ちょせいじ ん あらわ れた

きょう も こ ちょこ ちょ た いけ つだ　いっ ちょうめ で あっ た ら

おなかコチョコチョ〜〜

※歌の続きは動画でご確認ください

動画をチェック！

https://onl.tw/Mu6SgMZ

くり返しのおもしろさを楽しむふれあい遊びです。1丁目から5丁目まで、どんどんくすぐる場所が増えていきます。くすぐられる場所がわかっているからこその盛りあがりに子どもたちは夢中になります。

1 いっちょうめの　かどから　こちょこちょせいじん　あらわれた　きょうもこちょこちょ　たいけつだ

2人で向かい合い、両手をくすぐるような手にして歌に合わせてリズムをとります。

2 いっちょうめで　あったら……

うたいながら、片方の子はくすぐる場所を考えます。

3 おなか……ちょこっとな

お互いに言われたところ（おなか）をくすぐります。

4 にちょうめであったらおなか……おひざ！

おひざ・わきの下・背中・体など、2丁目〜5丁目と歌が続いていくごとにくすぐる場所が1つずつ増えていき、必ず1丁目の場所からくすぐります。

育ち合いの観点

ふれあい遊びの原点は、くすぐり合いです。子どもたちに1丁目〜5丁目までこちょこちょ星人がどこをくすぐるのか聞いてみましょう。さらに6丁目以降も考えてみるといいですよ。子どもの探求心もくすぐってみましょう!!

「にんにんにんにらめっこ」

作詞／菊地政隆　作曲／よしざわたかゆき

にん にん に にん　にら めっ こ　にん にん に にん　にら めっ こ

ここ ー で あっ た が　ひゃく ねん め　いざー　しょう ぶ で　ご ざ る

動画をチェック！

https://onl.tw/5MeBqm3

　2人組で向かい合い忍者になりきって、にらめっこ勝負！ 雨の日にクラスでにらめっこ対決をしているときに、音楽に合わせて連続で楽しめるようにと思い、つくった遊びです。「あっぷっぷ」の回数は子どもたちと決めてください。「1ぽんゆび」(P.20)の手遊びをおこなってから、この遊びをするのがオススメです！

1 にんにんにににん
にらめっこ（×2）

忍者ポーズををして、リズムにのりながらうたいます。

2 ここであったが　ひゃくねんめ
いざー　しょうぶでござる

パーにした手を、顔を隠すように交互に出します。

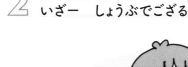

3 「3・2・1で　あっぷっぷ！」

両手で顔を隠してから、「あっぷっぷ！」で両手を広げて百面相をします。

4 「あっぷっぷ」（×2）

あと2回「あっぷっぷ！」対決をします。

育ち合いの観点

この遊びをくり返していると「どんな顔をしたら、友達を笑わせられるのか」と考えるようになり、鏡などに自分の顔を映して研究する姿も見られます。グループ対抗戦などにしても楽しめますよ！

「こちょこちょニンジャ」

作詞／菊地政隆　作曲／平井敬人

こ ちょ こ ちょ ニン ジャ ー　しゅり けん シュ シュ シュ シュ

シュ シュ シュ シュ シュ シュ シュ シュ ー　にんぽう おなか こちょこちょ!

こ ちょ こ ちょ こ ちょ こ ちょ　こ ちょ こ ちょ こ ちょ こ ちょ　こ ちょ こ ちょ こ ちょ こ ちょ

の じゅ つ ー!　ニン ニン ニン ニン　ドロローン

動画をチェック!
https://onl.
tw/3ZHjHYM

子どもたちが大好きな忍者に変身して、こちょこちょするくり返しが楽しい遊びです。子ども同士の2人組でも、保育者と子どものふれあい遊びとしても楽しめます!

1 こちょこちょニンジャー

2 しゅりけん　シュシュシュシュ……

シュッ　シュッ

忍者ポーズで構えます。

手裏剣を投げる動作をします。

③ にんぽう　おなかこちょこちょ！
こちょこちょ……こちょこちょのじゅつー！
ニンニンニンニン　ドロローン

「にんぽう　おなかこちょこちょ！」の合図で、2人
向かい合っておなかのあたりをくすぐり合います。

素話遊び
散歩遊び
ふれあい遊び
組み遊び
集団遊び
体操
育ち合いの歌

こんなアレンジも　おなか以外にもひざ、背中などいろいろなところを「忍法〜」と唱えて、くすぐり
合いましょう。「全部」と言って、お互いに違う場所をくすぐるのも楽しいです。

忍法おひざ
こちょこちょ

忍法背中
こちょこちょ

忍法全部
こちょこちょ

育ち合いの観点

くり返していくごとに、くすぐる場所を増していきます。おなか・おひざ・背中……と順
に増やし、くり返すたびに最初の場所からくすぐっていくと、こちょこちょされる場所が
予測でき、また次に追加されるところを予想するのが、ドキドキして楽しいです。

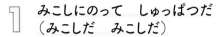

「わっしょい！」

※ CD「まあせんせい てをたたこう！」に収録されています。

定番の親子遊びを、日本の伝統である「おみこし」をテーマにして考えてみました。子どもをおみこしに見立てて、左右に上にと動かして楽しんでください。

1 みこしにのって　しゅっぱつだ
（みこしだ　みこしだ）

2 わっしょいわっしょい（×2）
（わっしょいわっしょいわっしょい）

子どもをひざに乗せて手を握り、前後に動かしながら、ひざを上下に揺すります。

ひざを揺らしながら、子どもの両手を握ったままバンザイさせます。1と2をあと3回おこないます。

3 みぎにみぎにみぎに
わっしょいわっしょい（×2）

5 うえにむかって（×3）
こちょこちょ……

4 ひだりにひだりに
ひだりに
わっしょい
わっしょい（×2）

3を反対側でおこないます。

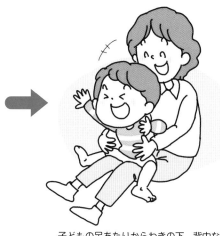

子どもを抱き、右に傾けます。

子どもの足あたりからわきの下、背中などを囲むようにやさしくくすぐります。

作詞／菊地政隆　作曲／森 悠也

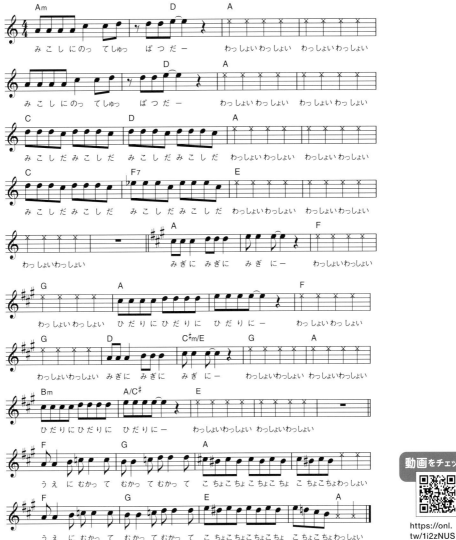

動画をチェック！

https://onl.
tw/1i2zNUS

親子だけでなく異年齢でも楽しめます。また座っておこなうので、低年齢児でもしっかり
と後ろから支えられるので安全に遊べます。

手遊び
歌遊び
ふれあい遊び
組み遊び
集団遊び
体操
育ち合いの歌

「お顔のとびら」

作詞／菊地政隆　作曲／平井敬人

動画をチェック！
https://onl.tw/Ux55gHi

♩ おかおのとびらがひらいたよ パカッ

2人で向かい合って、手で顔を隠して「パカッ」の瞬間に開きますが、手を顔からはなさないようにしてください。まわりから見えないように、2人だけで楽しめる「いないいないばあ」ができます。

1 おかおのとびらが　ひらいたよ

2 パカッ

両手で顔を隠します。

「パカッ」で両手を開き、顔を見せます。

すぐ元通り！

すぐにもう一度顔を両手で隠し、何回かくり返し遊んだら交代します。

育ち合いの観点

一対一で楽しみます。子どもたちが、相手を笑わせるため、様々な表情がつくれるように声をかけましょう。

「どんな顔が出てくるか」

作詞／菊地政隆　作曲／平井敬人

動画をチェック！

https://onl.tw/pcrqUuN

いないいないばぁの変化バージョンです。向かい合って「パカッ」の3回のタイミングでおもしろい顔をしながら、上下左右から顔を出してみましょう。手で顔を隠すだけではなく、布を使っても楽しめます！

1 どんなかおがでてくるか（×3）

2人で向かい合い、1人が両手で顔を隠します。

2 おたのしみ　パカッ

パカッ

うたい終わりの「パカッ」で両手を開いて顔を見せます。

3 パカッ　パカッ

パカッ　パカッ　パカッ

「パカッ」のたびに表情を変えて、手を開きます。

育ち合いの観点

シンプルな遊びだからこそ、お互いが笑わせようと工夫するところもポイントです！ 慣れてくると3回以上、顔を出しても楽しいです。

手遊び　歌遊び　ふれあい遊び　組み遊び　集団遊び　体操　育ち合いの歌

「お顔の時計」

作詞／菊地政隆　作曲／よしざわたかゆき

動画をチェック！
https://onl.tw/
tVjUeYT

おかおのとけい　いまなんじ

就学前などに時計を意識できる活動としてつくりました。「どんな顔が出てくるか」(P.57)の発展バージョンです！
鳩時計から鳩が飛び出してくる感じを意識して、手を開けるたびに違う顔をしましょう。

1 おかおのとけい　いまなんじ

時計役の子は両手で顔を隠してうたい、聞く役の子は歌に合わせて手拍子をします。

2 「3時！」

3時！

聞く役の子は、予想した時刻を言います。

3 「1時」「2時」「3時」

1時！ 2時！ 3時！

時計役の子は1時から言われた時刻まで、「1時」「2時」……と、いろいろな顔をしながら手を開きます。

2時！

1時！

3時！

育ち合いの観点

まずみんなで時計を見ながら、1時から12時までを一緒に声を出して順番に読みあげます。そして現在の時間で顔を隠す、手を開いていろいろな表情をする遊びをしてみましょう。それから子ども同士で遊ぶと、数字と時間を意識しやすくなります。

「じーじーじーピコ!!」

作詞／菊地政隆　作曲／よしざわたかゆき

じー　じー　じー　ピコ　じー　じー　じー　ピコ　じー　じー　じー　ピコ

じー　じー　じー　ピコ　じー　じー　じー　ピコ　じー　じー　じー　ピコ

動画をチェック!

https://onl.tw/
vdXBwiY

年長さんが、小さい子のクラスに遊びに行ったときにできる遊びとしてつくりました。向かい合ってハンカチを顔で隠しますが、目は隠さずにじーっと相手を見つめるのがポイントです。「ピコ」の合図で顔をひょっこり出しておもしろい表情をしてみましょう！

1 じーじーじー

2 ピコ

年齢が上の子がハンカチで目から下を隠します。

「ピコ」でハンカチから顔をひょっこり出します。いろいろな方向に顔を出して、くり返しおこないます。

ピコ！

ピコ！

ピコ！

育ち合いの観点

「いないいないばぁ」遊びは、大きい子が小さい子にしてあげる遊びの定番です！ 小さい子が笑ってくれた！ 喜んでくれた！ という経験は、お兄さんお姉さんにとっては大きな自信になります。簡単で誰でもでき、取り入れやすい遊びです！

「ハンカチぬき」

作詞／菊地政隆　作曲／よしざわたかゆき

てはおひざ　てはおひざ　みあって

みあって　ハンカチ ハンカチ　ハンカチ Go!!

動画をチェック！

https://onl.tw/
CVnZTs1

2人の間にハンカチを一枚置いて、タイミングに合わせて取り合うだけの簡単な遊びですが、音楽があるだけで楽しさが倍増します。

1 てはおひざ（×2）　みあって（×2）
ハンカチ（×3）

2 Go!!

ハンカチを2人の間に置き、向き合って両手
でひざをたたきながら、リズムをとります。

「Go!!」でハンカチを取り合います。

グループでやっても楽しいよ！

何人かのグループで、ハンカチを
取り合うのも盛りあがります。

育ち合いの観点

最初は2人でおこないますが、慣れてきたら人数を増やしても楽しめます。みんなを意識
するドキドキ感が増して盛りあがります。

「みんないっしょ」

作詞／菊地政隆　作曲／平井敬人

動画をチェック！

https://onl.tw/
ufXjrXH

だれ とき もち が いっしょ かな　さん に い ちで ジャン ケン ホイ! イェーイ!

ジャンケン！ でも勝ち負けを楽しむのではなく、自分と同じ気持ちの人がいたら喜び合おう！ という遊びです。グーチョキパーで自分と同じ人がいたら、ハイタッチ！ 自分と同じ人がいなかったら、腕を組んでさびしそうに……。

1 だれと　きもちがいっしょかな

腕を曲げてリズムとりながら、脇をパタパタと動かします。

2 さん　に　いちで　ジャンケン　ホイ!

みんなで一斉にジャンケンをします。

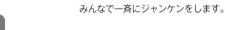

3 イェーイ！（残念）

グーチョキパーで自分と同じ人がいたら、ハイタッチ。自分と同じ人がいなければ、残念ポーズ。

＼ イェーイ！ ／

＼ ざんね～ん ／

育ち合いの観点

子ども同士、喜びを分かち合える瞬間が心がつながるときです。ジャンケン遊びのように見えて、実は友達と心を通わせる遊びになっています。4人以上でやってみると必ず1組はできます。また、一体感を感じることができるのもこの遊びの特長です！

「パンケーキ」

作詞／菊地政隆　作曲／平井敬人

動画をチェック！

https://onl.tw/
MWnK8GS

2～4人くらいで楽しむ遊びです。1人のオニ役が両手を上下に広げて、その手の間にほかの子が両手を入れ、歌の終わりで、オニ役が両手を閉じる瞬間、はさまれないように手を引く、スリル満点の遊びです。

1 パンパンパパン　パンパンパパン　パンパンパパン

オニ役の子が両手を上下に広げて、その間に
ほかの子は両手を入れます。

2 パンケーキ　ホイ！

「パンケーキ　ホイ！」で、オニ役が両手
を閉じます。ほかの人ははさまれないよう
に手を引きます。

育ち合い
の
観点

保育者と一緒でも、子ども同士でも楽しめます。「パンケーキ　ホイ！」と言われてから
手を引く、というルールがポイントです。早く引いてしまえば簡単なゲームになって、お
もしろくありません。ギリギリの瞬間に手を引くところがミソです。こうしたルールを守
ることが、おもしろさにもなるということへの気づきになります。

「ケンちゃんをかこんで」

作詞／菊地政隆　作曲／よしざわたかゆき

ケンちゃんをか こんで あ そびましょう　ケンちゃんをか こんで あ そびましょう

動画をチェック！

https://onl.tw/JJmhQrs

ある日、ケンちゃんがみんなの輪の中に入り、「ぼくのまわりを回って！」とお願いしてきました。みんなでぐるぐると走り回っていると、カイトくんが近寄り、ケンちゃんのわきの下をこちょこちょ！ という出来事を遊びにしました。

1　ケンちゃんを　かこんで
あそびましょう（×2）

数人で輪になり、輪の中に子どもが1人入ります。子どものまわりをうたいながらぐるぐる回ります。

2　「あ～なんだか　おなかがすいたな～」

輪をつくっていた子どもが、おなかを両手でポンポンたたきます。

3　「いいにおいがするぞ～　くんくんくん」

両手を口の前でもじょもじょしながら、真ん中の子どもに近づきます。

4　「むしゃむしゃむしゃむしゃ」

こちょこちょ

みんなで真ん中の子どもをくすぐります。

育ち合いの観点

くすぐられるのが前提となる遊びです。全員が交代で楽しむことができるので、コミュニケーションもとることができます。

「みんなでまわろう」

作詞／菊地政隆　作曲／野村裕子・白戸夢実

動画をチェック！
https://onl.tw/
MbSJYZp

手をつないで回ったあとに、ジャンプを基本として様々な動作を入れて楽しむことのできる遊びです。

1 てをつないで　まわろう（× 3）

手をつないで輪になり、うたいながらぐるぐると回ります。

2 まわったところで　はい！　ストップ！

手をつないだまま、輪の状態で止まります。

3 「ジャンプは　さんかい！」
「ジャンプは　ごかい！」

「ジャンプはさんかい！」と言ったら、手をつないだまま
その場で3回ジャンプ、「ジャンプはごかい！」と言ったら、
手をつないだまま、その場で5回ジャンプします。

4 「まわったところで　こちょこちょこちょ……」

輪の状態のまま、両隣の人をくすぐります。

育ち合いの観点

手をつないでいるため、回り方やスピードなど、友達のことを考えておこなう必要があ
り、人を思いやる気持ちを育むことにつながります。

「トントン肩たたき」

作詞／菊地政隆　作曲／よしざわたかゆき

動画をチェック！

https://onl.tw/
AJkkw2n

2人組で肩たたきをします。最後は、コチョコチョのおまけつき！ 保育参観や敬老の日などにも大活躍間違いなしです。

1 トントントントントン　かたたたき（×2）
たのしくトントン　うかれてトントン

2人で同じ方向を向いて座り、後ろの子が前の子の肩をリズムに合わせてたたきます。

2 ちょっとおまけで　こちょこちょこちょ～

「こちょこちょこちょ～」のとき、後ろから背中や腰などをくすぐります。

並んでトントン

大人数で並んだり、輪になったりして、みんなで肩たたきをしてみましょう！

3 「はい！」

「はい！」と言って、座っている向きを反対にして、選手交代。

育ち合いの観点

輪になっておこなうとみんなの心が一つになるのを実感できます。降園前におこなうなど、笑い合って一日を終えるのにピッタリです。

「かたをトントンたたきましょう」

作詞／菊地政隆　作曲／平井敬人

動画をチェック！

https://onl.
tw/rXN2BqZ

肩たたきとこちょこちょ遊びで、いやしの時間と楽しい時間が融合した1曲。母の日・父の日・敬老の日など、保護者や祖父母とのイベントのときにも活躍してくれます。

1　かたを　トントンと　たたきましょう
トントントントントントントントントントントン（×3）

列をつくって並び、同じ方向を向いて前の子の肩をたたきます。

手遊び

歌遊び

ふれあい遊び

組み遊び

集団遊び

体操

育ち合いの歌

2 ちょっとつかれて
こちょこちょこちょこちょ……

前の人の背中や腰あたりをくすぐります。

3 かたを　トントンと　たたきましょう
トントントン……

向きを反対にして、同じように前の人の
肩をたたきます。

4 ちょっとつかれて　こちょこちょこちょこちょ……

2 をくり返します。

育ち合い
の
観点

子どもが肩をたたいてくれたあと、きっと大人は子どもに「ありがとう」と言います。この「ありがとう」を言われる経験は、子どものやさしい心を育みます。この1曲を通して、親子や祖父母とのふれあいの中で、子ども自身が自分がしていることが人に喜ばれるのを感じます。「ありがとう」が生まれる1曲です。

「ジャンピン牛乳」

牛乳を嫌いな子が、少しでも好きになってくれたらと思ってつくった曲です。基本的な動きは、ジャンプ・回る・ハグの３つなので、説明も必要なく乳児から幼児まで楽しめます。

動画をチェック！

https://onl.tw/
htHZzJk

1 てをつないで　ぎゅ（×２）
　　ぎゅ（×３）　ワン　ツー　スリー　ゴー

2 ジャジャジャジャジャンピン
　　ジャジャジャンピン
　　ぎゅうにゅう　のみたい　のみたいな（×２）

向かい合って両手をつなぎ、「ぎゅ」のときにひざを曲げます。

1の「ワン　ツー……」のかけ声までひざを曲げて力をためておき、「ゴー」の瞬間、リズムに合わせて、ぴょんぴょん跳びます。

3 くるくるくる……

手をつないだまま、その場をゆっくりぐるっと回ります。

4 ぎゅ……

手をつないだまま、「ぎゅ」のリズムに合わせてひざを曲げます。

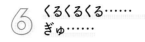

5 ジャジャジャジャジャンピン
  ジャジャジャンピン
  ぎゅうにゅう　のみたい　のみたいな（×2）

6 くるくるくる……
  ぎゅ……

1をもう一度おこない、2よりも元気よく、
ぴょんぴょん跳びます。

手をつないだまま、その場で回ります。途中
で反対回りにします。「ぎゅ」で4と同様に
して力をためます。

7 ジャジャジャジャジャンピン
  ジャジャジャンピン
  ぎゅうにゅう　おかわり　のみたいな

8 ぎゅうにゅう～

今度はぐるぐる回りながら、ぴょんぴょん跳
びます。

最後はハグをしておしまい。

手遊び

歌遊び

ふれあい遊び

組み遊び

集団遊び

体操

育ち合いの歌

リメイク ★ バージョン

ジャンプタイムの盛りあがり方は、子どもたちの自由です。どんなジャンプをしてもOK。しかし、子どもたちの想像力は、ジャンプだけにはとどまりません！ ときには動物になりきって、またあるときはクレーン車になりきってなど、様々な動きをすると思います。子どもたちの思い思いの動きでジャンプタイムを楽しみましょう。この"オールフリー"という感覚が、子どもたちの想像力を広げていきます。ジャンプタイムに慣れてきたら、ここでどんな動きをしたいか子どもたちにたずねてみましょう。きっと思いもよらない答えと動きに驚かされることでしょう。また、最近の子どもたちの興味のあるものをお題として、保育者から提案してみることもおすすめです。ぜひ試してみてください。

動画をチェック！

https://onl.tw/
xpqQzzw

ポ イ ン ト

ジャンピン牛乳はタイトルの通り、テーマは"ジャンプ！"です。1曲踊り終えるころには保育者はへとへと……、なんてこともあるかもしれません。リメイクバージョンでは、「ジャンプ×子どもの想像力」で振りを考えましたが、「ジャンプ×体力向上」「ジャンプ×気持ちの発散」などでのリメイクも楽しめます。体力向上では、足腰が鍛えられるようなテーマ（片足・座ってみる・高く跳ぶなど）を投げかけてみましょう。また、雨の日は戸外で思いっきり体を動かすことができませんが、ジャンプなら場所をとりません。また、それぞれのクラスオリジナルのかけ声などが合わさると、さらに気持ちを発散することにつながります。ぜひ、試してみてください。

作詞／菊地政隆　作曲／平井敬人

2人でも3人でも何人でも、手をつないで楽しめるところが魅力。一緒にジャンプするだけのシンプルさが楽しさを共有してくれます。

手遊び　歌遊び　ふれあい遊び　組み遊び　集団遊び　体操　育ち合いの歌

「ドレミファドンドン」

※ CD「まあせんせい てをたたこう！」に収録されています。

リズム体操にふれあい遊びを加えた、乳児でも幼児でも楽しめる曲です。1番はライオンになって表現を楽しみ、2番はウサギでぴょんぴょんジャンプ、3番はサルに変身してまわりの人をコチョコチョしてみましょう！

動画をチェック！

https://onl.tw/
UtqqeMs

1 （前奏）

2 ドレミファ（×2）
ドンドンドン

3 あるいて（×2）
ドンドンドン

1をくり返します。

4 ドレミファ（×2）
ドンドンドン

2をくり返します。

両わきを開いたり閉じたりして、リズムをとります。

その場で足踏みしながら、「ドンドンドン」で手拍子をします。

5 まわって（×2）
ドドドドン

6 ドキッと
おおきく

7 なっちゃった

8 あレレレ　おおきく
なっちゃった

6と7をくり返します。

9 みんなで　おおきく
なっちゃった

6と7をくり返します。

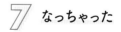

両手を広げながら、ぐるっと回ります。

しゃがんでから、手を開いて大きく伸びあがります。

両手を大きく振ります。

10 ファ！　なーんに

顔の横で両手を開いて、びっくりした顔をします。

11 なっちゃった

右手と左手交互にあげさげします。

12 えっ！（×2）

片手を耳に当てます。

13 ソッソッソー！

右・前・左に向きを変えながら、手招きをします。

14 ライオン　ガオーガオー（×5）ライオン

ライオンのまねをします。

15 シ　ド！

ライオンポーズをします。

2番

「ウサギ」

ウサギのまねをして、ぴょんぴょん跳ねます。

3番

「サル」

サルのまねをします。

リメイク ★ バージョン

「ドレミファドンドン」のリズムは、ちょうど準備運動をするときの
リズムにぴったりです。楽しいリズムで屈伸や前屈の動作にリメイ
クしました。この準備体操の動作は1つの例です。年長クラスになっ
たら、その動作を子どもたちが考えることもおすすめです。 運動会
の準備運動の体操として取り組んでみれば、子どもたちが1からつ
くりあげる主体性が満載の運動会のはじまりです。かわいらしい曲
調で乳児クラスでも一緒に踊れるスピードなので、全クラスで楽し
める準備運動になります。

動画をチェック！

https://onl.tw/
L1DYYf8

ポイント

体操曲の中で、「体の部位を意識的に伸ばす」という動きが含まれている曲は実

は探してみると少ないものです。この曲も通常バージョンは子どもたちと楽し

みながら体を動かす振り付けになっていますが、リメイクバージョンはあえて

屈伸運動など、基礎的な動きに変更しました。ストレッチの動きは探してみる

と様々な動きやポーズがあるので、意識的にここを伸ばす・動かすという保育

者目線でのリメイクをすることもおすすめです。ただ、それだけだとつまらな

くなってしまうので、動物になりきるところでは思いっきりはじけましょう♪

作詞／菊地政隆　作曲／森 悠也

ドレミファドレミファ ドンドンドン あーるいてあるいて

ドンドンドン ドレミファドレミファ ドンドンドン まわってまわって

ドドドドーン ドキッとおおきく

なっちゃった あレレレおおきく なっちゃった みんなでおおきく

なっちゃった ファ！ なーんに なっちゃった えっ！ えっ！

ソッソッソー！ ライオン ガオーガオー

ガオーガオー ガオーガオー ガオーガオー ガオーガオー

ライオン シ ド！

育ち合いの観点

みんなで動物になりきるところは、同じ動物でも一人ひとり動きが違っているため、お互いの姿を確認する様子も見られます。そうすることで、みんなと表現し合うことの楽しさを感じられます。また、ふれあいの要素もあり、3番の最後のお楽しみでは笑いでいっぱいになるなど、育ち合いのポイントがたくさんあります。

「バナナがいっぱいたべたいな」

※ CD「まあせんせい てをたたこう！」に収録されています。

乳児から幼児まで大人気のリズム体操です！ 短いフレーズのくり返しで動きもシンプルです。バナナになりきって踊ってみましょう。

動画をチェック！

https://onl.tw/
SpEFvj3

1 （前奏）

腰に手を当て、おしりを振ります。

2 みなみのしまの　バナナおうこく
ことしもいっぱい　できちゃった

片手を腰に当て、もう片方の手を波のようにユラユラさせながら右から左、手を反対にして左から右へと動かします。

3 どんなふうに　たべようかな

両手で頭上にハートを作るように当ててから、ひざを伸ばしてバンザイします。

4 まよっちゃう（×2）

ツイストをします。

5 バナナがいっぱい　いっぱいバナナ（×4）

両手をかいぐりしながら向きを変え、「バナナ」で合わせた両手を斜め上に伸ばしてバナナのポーズ、右足は後ろに蹴りあげます。

6 バナナがいっぱい　たべたいよ

両手を合わせたまま、大きく2回回します。

7 チョコバナナ　あま〜い

体を縮めて少ししゃがむようにして、「ナ」のところで左手をあげながら、体を左に傾けます。

リメイク ★ バージョン

バナナにとらわれず、子どもたちの「好き」や「興味」のおもむくままに楽しんでいます。例えば、"チョコバナナ♪"の決めポーズ部分は、それぞれの食べ物に合わせて思い思いのポーズを楽しんでみてください。どんなポーズにするのかももちろん決まっていません。どんなポーズに出会えるのか……。ぜひ、保育者のみなさんも子どもたちの奇想天外にくり出されるポーズを楽しんでみてくださいね。

動画をチェック！

https://onl.tw/
YfYmtDR

エ ピ ソ ー ド

「バナナがいっぱいたべたいな～」がお気に入りの1曲になっていたあるとき、イチゴの柄の洋服を着て登園した2歳児の女の子がいました。自分の洋服のイチゴを指差して「イチゴあるの～！」とうれしそうです。そこで、その子の大好きなイチゴと、子どもたちの大好きな曲をかけ合わせてみることにしてみました。すると大盛りあがり！「○○ちゃんのイチゴー!!」。ほかの子どももたちも洋服を指差したり、ままごとコーナーからイチゴを持ってきて見せてくれました。そのあとは「次はブドウがいい！」「ぼくの（洋服の）○○がいい！」とリクエストが殺到しました。

作詞／菊地政隆　作曲／よしざわたかゆき

みなみのーしまの　バナナ おう こく　ことし もいっぱい　で きちゃった

どんなふ うに　たべ ようかな　まよっちゃう　まよっちゃう

バ ナ ナ が いっ ぱい いっ ぱい バナナ バ ナナ が いっ ぱい いっ ぱい バナナ

バ ナ ナ が いっ ぱい いっ ぱい バナナ バ ナ ナ が いっ ぱい いっ ぱい バ ナ ナ

バ ナ ナ が いっぱい た べ たいよ チョ コ バ ナ ナ あまーぃ

育ち合いの観点

バナナの部分をいろいろな食べ物に変えて楽しんでみましょう！ 季節の果物、今日の昼
食のメニュー、子どもたちの好きな食べ物！ 何にでも変換可能です。

体操

79

「もろこしカーニバル」

※ CD「まあせんせい だいすきがいっぱい」に収録されています。

作詞／菊地政隆　作曲／よしざわたかゆき

ちいさなはたけを　たがやして　ピンクのたねを　うえーよう

みずをやったら　めがのびて　どんとんのびたらみがなった

かわをむきむき　していたら　もろこしちゃんたち　にげだした

もろこしこしこし　もろこしこしこし　やきとうもろこし　はやーだよ

もろこしこしこし　もろこしこしこし　もろこしこしこし　こ

動画をチェック！

https://onl.tw/
bXVHsqC

とうもろこしをテーマにした、元気な体操曲です。隣の人と手をつないで、元気よく腰を振って踊ってみてください。

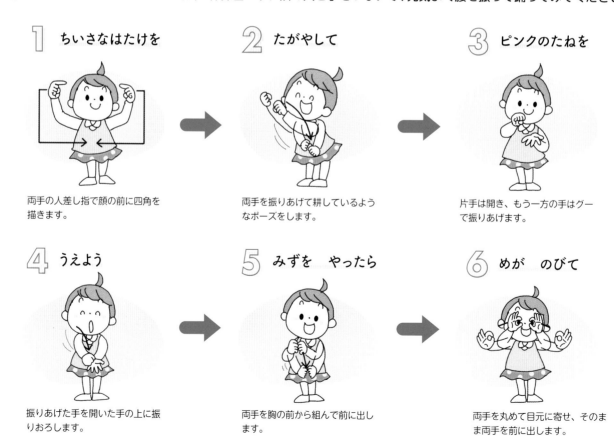

1 ちいさなはたけを
両手の人差し指で顔の前に四角を描きます。

2 たがやして
両手を振りあげて耕しているようなポーズをします。

3 ピンクのたねを
片手は開き、もう一方の手はグーで振りあげます。

4 うえよう
振りあげた手を開いた手の上に振りおろします。

5 みずを　やったら
両手を胸の前から組んで前に出します。

6 めが　のびて
両手を丸めて目元に寄せ、そのまま両手を前に出します。

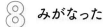

7 どんどんのびたら

合わせた両手を顔の前で左右に振ります。

8 みがなった

合わせた両手を望遠鏡のようにしてのぞきます。

9 「ばんざーい」

両手でバンザイをします。

10 かわをむきむきしていたら

片手をとうもろこしに見立てて、皮をむくような動作をします。

11 もろこしちゃんたち　にげだした

その場でかけ足します。

12 もろこしこしこし（×2）

隣の人と手をつなぎ、おしりとおしりで軽くタッチします。

13 やきとうもろこしは　やーだよ

片手を顔の前で（もう片方は腰に当てて）、左右に振ります。

14 もろこしこしこし（×2）　もろこしこしこしこ

12をくり返します。

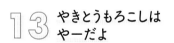

育ち合いの観点

歌詞が栽培活動につながる要素が満載の曲なので、活動のきっかけや栽培している期間中にも楽しめる曲です。とうもろこしの皮むきなど、簡単な食育活動にもつなげられると思います。

手遊び

歌遊び

ふれあい遊び

組み遊び

集団遊び

体操

育ち合いの歌

「ぶどうつぶつぶ」

作詞／菊地政隆　作曲／よしざわたかゆき

つぶつぶつぶつぶつぶつぶつぶつぶ　つぶつぶつぶつぶつぶつぶつぶつぶ　つぶつぶつぶつぶつぶつぶつぶつぶ

つぶつぶつぶつぶつぶつぶつぶつぶ　はやくしないと　はじけちゃう　イェーイ

きょうはぶどうの　しゅうかくさい　しまのみんなで　おいわいしよう

ひきしまった　おおきなつぶを　はやくむきむき　であいたい

かがやきしたたる　ぶどうのしるに　しまのだいおう　おどりだす

動画をチェック！

https://onl.tw/
iG6ingR

ぶどうをテーマにしたリズミカルなリズム体操です！ 全国の園で踊っていただいています。振り付けは、年齢に合わせて変えて様々にアレンジしてみてください。

1 （前奏）

両手をグーにして、リズムにのってツイストします。

2 「あー　うっ！」

「うっ！」のところでイラストのようなポーズをして、気合いを入れます。

3 つぶつぶつぶつぶ……

両隣の人と手をつなぎ、小刻みにその場かけ足。

4 はやくしないと　はじけちゃう

両手を腰に当て、リズムに合わせて腰を振ります。

5 イエーイ

好きな決めポーズをします。

6 きょうはぶどうの
   しゅうかくさい

パーにした両手を片方ずつ内回し
であげます。

7 しまのみんなで
   おいわいしよう

片手ずつ上へ（ぶどうを収穫している
ように）あげながらひと回りします。

8 ひきしまった
   おおきなつぶを

両手でぶどうの粒を描くよう
に大きな円をつくります。

9 はやくむきむき

円にした両手を左右に揺らします。

10 であいたい

かいぐりしてからバンザイをします。

11 かがやきしたたる
    ぶどうのしるに

手と足を対角線上に伸ばしながら、大きく
ジャンプ。手足を入れ替えてもう一度ジャ
ンプ。これをもう一度くり返します。

12 しまのだいおう　おどりだす

片手をあげて人差し指と親指を立て、反対の手
は腰に当て、右足を横に出してポーズ。

育ち合い
の
観点

ついつい口ずさんでしまう歌詞の「つぶつぶつぶつぶ……」は、1人で踊るより、友達と
手をつないでおこなうと特に盛りあがります。

手遊び
歌遊び
ふれあい遊び
組み遊び
集団遊び
体操
育ち合いの歌

「ゆめにむかってラン!!」

作詞／菊地政隆　作曲／平井敬人

みんなで楽しく踊っているうちに写真が撮れる、リズム体操です。曲調もくり返しではなく、1番のみのタイプなので簡単に踊れちゃいます。日常保育はもちろん、保育参観など保護者の方と一緒に踊って、記念写真まで撮れちゃいます。

動画をチェック！

https://onl.tw/WfY7daP

ゆめにむかっては しりだせー　みんなゆーめはど こにあるー
とにかくはしれ　とにかくはしる　とにかくはしらねば
ラン ラン ララン ー　ラン ララン ー　ラン ラン ララン ー　ラン ララン ー
くぐって ー　まわって ー　ジャンプでポー ズ
りょう あし ジャンプ　りょう あし ジャンプ　ジャン プ ジャンプ　ジャン プ ジャンプ
かた あし ジャンプ　かた あし ジャンプ　ケン ケン ケン ケン　ケン ケン ケン ケン
はん たい ジャンプ　はん たい ジャンプ　ケン ケン ケン ケン　ケン ケン ケン ケン
はし れ ー　はし れ ー　けっきょく はし れ ー ー
さぁ　か け ぬ け ろ ー
ゆ め に む かっ て　ど こ ま で も ー

1　ゆめにむかって　はしりだせ　みんな　ゆめはどこにある

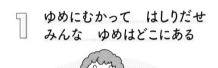

その場でかけ足。

2　とにかくはしれ　とにかくはしる　とにかくはしらねば

かけ足しながら片手を腰に当て、反対の手で前方を2回指差します。手を反対にしてもう1回くり返します。

3　ランランララン　ランララン（×2）

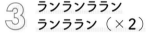

右を向いて両手でかいぐり、同様に左を向いてくり返します。

4　くぐって

2回屈伸しながら、両手で頭を押さえます。

5　まわって

その場でかけ足しながら、ぐるっとひと回りします。

6　ジャンプでポーズ

かがんでからジャンプして片足で着地。同時に両手を前に出して振ります。

7 りょうあしジャンプ（×2）

隣の子と手をつないで、ひざでリズムをとります。

8 ジャンプ（×4）

手をつないだまま4回ジャンプします。

9 かたあしジャンプ（×2）

片足で4回ジャンプします。

10 ケンケン（×4）

「ケン」に合わせて8回ケンケンします。

11 はんたいジャンプ（×2）

9を反対の足でおこないます。

12 ケンケン（×4）

10を反対の足でおこないます。

13 はしれ（×2）

手をつないだまま、その場でかけ足します。

14 けっきょくはしれ

かけ足しながら、両手をあげます。

15 さぁ　かけぬけろ

かけ足しながら右手をあげ、前方を指差します。

16 ゆめにむかってどこまでも

かけ足しながら、15を反対の手でおこないます。

17 さあ　あつまろう

左右、前方に向かって両手で手招きしながら、かけ足で中央に集まります。

18 5（イエイ）　4（イエイ）　3（イエイ）　2（イエイ）　1（イエイ）

カウントダウンの数字と指の本数を合わせながら、手を前に出します。

19 0（イエイ）

両手で0をつくります。

20 いくよ　はいピース！

好きなポーズをとり、記念撮影します。

育ち合いの観点

一緒にポーズを決めて写真を撮ることで、一体感が生まれます。また、しぜんな表情を撮ることができます。振り付けも子どもたちとドンドン変えて、楽しんでみてください。

「みんなの笑顔」

※ CD「まあせんせい てをたたこう！」に収録されています。

朝の会などで、みんなで一緒に楽しくうたえる作品です。歌はもちろん、
簡単な表現も楽しめます。輪になってみんなでうたってみましょう！

動画をチェック！
https://onl.tw/
n27JbqP

1 みんなのえがおが　みたいな（×2）

体を左右に動かしながら、ほおの
横で両手をパクパクさせます。

2 みぎてで（みぎてで）

右手をあげて左右に動かします。

3 パチパチパッチン（パチパチパッチン）

隣の子と右手を合わせます。**2**と
3をもう一度くり返します。

4 パチパチ……（パチパチ）

隣の子とリズムに合わせて片手を
何度も合わせます。

5 ワッハッハ （×2）　おおきなこえで
　ワッハッハ （×2）　にこにこ　えがお

リズムに合わせて両手をおなかに
当てて大きな声で笑います。

2番

2´ ひだりてで （ひだりてで）

左手をあげて左右に動かしま
す。

4´ パチパチ……
　（パチパチ……）

隣の子と左手を合わせます。

5´ うっふっふ （×2）
　ちいさなこえで

両手を口元に当てて、小さな
声で笑います。

3番

2´ りょうてで （りょうてで）

両手をワイパーのように左右
に振ります。

4´ パチパチ……
　（パチパチ……）

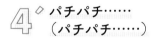

隣の子と両手を合わせます。

手遊び

歌遊び

ふれあい遊び

組み遊び

集団遊び

体操

育ち合いの歌

リメイク ★ バージョン

歌詞の「みぎて」や「ひだりて」の部分を
好きな部位に変えてみましょう。
例えば、「おなかで(おなかで)パチパチパッチン」にするときは
自分のおなかをたたきます。そのほかにも「おひざ」や「おしり」など、
たくさんのアレンジで楽しめます。子どもたちに
「次はどこがいいかな?」と聞いてみると、
子どもオリジナルの「みんなの笑顔」が完成します!

動画をチェック!

https://onl.
tw/1QBA9Ld

エピソード

2歳児クラスで「みんなのえがおが みたいな♪」の歌詞を「○○ちゃんのえがお
が みたいな♪」とうたってみると、少し照れながらも、ほっぺに両手を当てて
にっこりポーズを見せてくれました。そしてそのあと、自分のにっこり笑顔を
鏡で確認!「……かわいいな~」とつぶやくその女の子がかわいくてほっこり。
そのブームはクラス全体へと広がり、「ぼくも」「わたしも」とリクエストが殺到
しました。子ども同士でも「○○ちゃんのえがおがみたいな♪」と声をかけてい
る姿もありました。悲しい気持ちや泣きそうなときにも、笑顔になるきっかけ
としてこの曲をぜひ♪

作詞／菊地政隆　作曲／よしざわたかゆき

| G | C | D | G | C | D | G |

みんなのえがおが　み　たいな　　みんなのえがおが　み　たいな

みぎてで　　みぎてで　　パチパチパッチン　　パチパチパッチン　　みぎてで

みぎてで　　パチパチパッチン　　パチパチパッチン　　パチパチパチパチ　　パチパチパチパチ

－　　－　　ワッハッハ　　ワッハッハ　　おおきな　こえで

ワッハッハ　　ワッハッハ　　にこにこ　えがお－

育ち合いの観点

タイトル通り“みんなの笑顔”があふれる曲です。簡単な振りの中にも右や左、片手や両手など少しずつ違いがあるので、右や左などの言葉と体の部位の認識にもつながります。両手を合わせて友達同士でパチパチする場面は、動きも簡単でリズムもゆっくりなので、乳児クラスでも友達との関わりが楽しめます。

「こころの花」

※ CD「まあせんせい てをたたこう！」に収録されています。

動画をチェック！

https://onl.tw/uhRMryj

僕が運営する保育園の園歌にもなっている曲です。やさしい心、強い心、元気な心。この3つの心をテーマとし、子どもの「育ち合い」の姿から歌詞が生まれました。手話は子どもたちができるように簡単にしています。

1 あなたの
前を2回指差します。

2 こころに
胸の前で手を重ねます。

3 さく
両手を重ねて握ります。

4 はなは
両手をパッと開いて花の形にします。

5 きっと
両手の小指をからませます。

6 やさしい
左の胸の前で、2回手を閉じたり開いたりします。

7 はなだろう
4をくり返します。

8 だれにも
まわりの人を指差すように、半円を描きます。

9 まけない
手を顔の横に立てて、左右に振ります。

10 やさしい
6をくり返します。

11 こころ
2をくり返します。

12 それは
1をくり返します。

13 たくさんの
手のひらを自分に向けて、親指から指を折っていきます。

14 ひとを
自分から見て「人」という字を書きます。

15 やさしく
6をくり返します。

16 する
両手をグーにして、前に出します。

17 そんな
前を3回指差します。

18 あなたが
1をくり返します。

19 いて
握った両手を顔の前からおろします。

20 よかった
手をグーにして鼻につけてから前に出します。

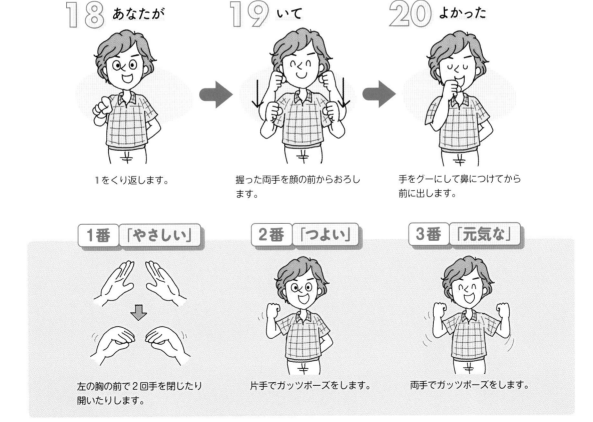

1番 「やさしい」	2番 「つよい」	3番 「元気な」
左の胸の前で2回手を閉じたり開いたりします。	片手でガッツポーズをします。	両手でガッツポーズをします。

作詞／菊地政隆　作曲／よしざわたかゆき

あなたーのこころに　さくはなは　きっと　やさしい　はなだろう　だれ
にもまけない　やさしいこころ　それ
は　たくさんの　ひとを　やさしくする　そん
な　あなたがいて　よかーった

エ ピ ソ ー ド

ある日、みんなで散歩に出かけました。「保育園に帰るよー」と声をかけると、
1人をのぞいて戻ってきました。1人は向こうを向いて座っています。その子
は聴覚に障害のある子で、聞こえなかったのです。呼びに行こうとしたところ
で「あそこに座ってるー！」と戻って来た子が1人走り出しました。そのあと、
ほかの子どもも全員、その子の元に走り出したのです。そして、そのあとの行
動が想像もしていませんでした。子ども全員が横一列に手をつないで戻って来
たのです。みんな笑っていて、聴覚障害がある子どもも満面の笑みです。その
姿を見て、保育園は保育者がすべてを教える場ではなく、子どもたちが自ら育
ち合っている場であると感じました。そこで子どもたちの思い出に卒園式に手
話をしながら、みんなでうたえる「こころの花」が生まれました。

団子やさんの団子はなぜうまいのか？
〜 保育の専門性について考える 〜

保育の専門性を言葉で説明することは非常にむずかしい。一般の人から見ると育児と保育の違いすら微妙である。この「育児と保育の違い」の説明は永遠のテーマであり、現場の保育士たちが常に悩んできたことでもある。保育士というのは元々「保母」と呼ばれていた時代があり、1999年4月1日男女雇用機会均等法の大幅な改正に伴い、児童福祉法施行令が改正され、性別に依存しない「保育士」に改称された。

「保育士」という名称が名称独占により国家資格にされたことは誰もが知っている事実。だが、その専門性についてはイマイチ伝わらない。僕が『情熱大陸』をはじめ、テレビなど様々なメディアに出演した理由は、まさにそこ！ 保育の専門性を伝えたいのだ。「保育の仕事って、子どもと遊んでいるだけでお金がもらえるなんてうらやましい！」なんて言われたこともあった。では、専門性って何？ という話になると、保育・幼児教育という専門的知識の元にくり広げられる表向きの世界観について、昨今のキャリアアップの話を踏まえて大学教授のように語るところだが……、僕は保育という仕事には、言葉で表すことのできない直感的な感覚が必要であると思う。保育者は、子どもの顔色を見て、子どもが今何を求めているのかがわかる感覚的な目をもつ職人なのである。まさに気づきの連続。昨日と違う子どもの体と心の様子を瞬時に読み取り、ときと場合により判断を変える。子どもたちの成長にとって同じ日はないように、今日の天気や気分・人間関係などを考慮した上で、保育者は最善の答えを導き出している。しかし、コレが伝わらないから

もどかしい。そこで僕がよく例に出す内容が「団子」。団子で保育と育児を例えてみた。

団子専門店が作るふっくらとした行列のできる団子と、家庭で作る団子を例にしてみよう。家庭で作る団子、確かに愛情が込められていてどんな形でも硬さでも……、一言でうまい！ ただ、それは家族間であるからうまいのであって、職人でもなく面識もない知らないオジ様が趣味で作ったいびつな団子を、あなたはお金を出して買い、感動的にうまい！ と食べられるだろうか。なぜ団子やさんの作る団子はうまいのか？ それは専門店だからである。職人は団子を作るノウハウをもち、今日の天気まで配慮する絶妙なバランス感覚の配合で、そして団子をふっくらとさせるために必要な機材がそろっているから団子は、おいしいのである。団子はお店でも家庭でも作ることができる、と一般的に思われている。しかし、家庭の団子はあくまでも家庭の団子。お金をもらって販売されている団子は職人が作る専門性の高い逸品。仕上がりの違いが明らかである。

保育においても同じく、保育園・幼稚園・こども園というお店によって様々に異なる「カリキュラム」と呼ばれるレシピを、そこにいる「保育者」という職人が、教育・保育をする上で最低基準と呼ばれる園舎をはじめ、気候や環境を駆使して専門的な教材を用い教育・保育をするから、育児とは大きく異なるのである。そろそろ保育者の底力を見せつけてもいいのではないか！ 国家資格をもつ保育者のみなさん！ さあ、保育者の専門性を今一度世に知らしめよう！ 声高らかに。

IN CONCLUSION

おわりに

　僕の実家は保育園でしたが、そこを継ぐ気はありませんでした。しかし、大学生のときに保育園でアルバイトをして、保育という仕事の専門性の高さを知り、保育の世界に進みました。つまり僕は、「子どもが好き！」ではなく「保育の仕事が大好き！」という理由で保育の道に進み、その視点から遊びをつくりはじめました。

　そこで最初に参考にしたのは、福尾野歩さんの『あそびうた大全集』という書籍。「イモ掘れホーレ！」という作品をほぼまねて、「もろこしカーニバル！」という曲をつくりました。当時、野歩さんが「歌遊びっていうのは、ドンドンおみゃーの形にしてやりゃーいいんだよ」と、三島ナマリ（？）で言ってくれたことを、今でも覚えています。それから、よっしーこと吉澤隆幸氏との出会い、作品づくりが一気に開花しました！ というより、よっしーのつくり出す音によって開花させてもらいました。困りごとがあれば、遊びをつくって解決する。よっしーと一緒につくった作品には、たくさんの思い出とエピソードがあります。と、数行ですが保育士時代の自分を振り返ってみました。

　現在、実家を卒業し新たな法人の理事長となった僕には、自分の園の子どもたちを幸せにする責務があります。みなさんの園の子どもたちは、みなさんが幸せにする責務があるのです。どうか、この書籍で紹介している遊びによって、たくさんの幸せをプレゼントしてください。

　ちなみに、遊びをおこなうときのポイントは……、

❶ まず、保育者自身が一緒におこなって遊びの楽しさを伝えてください。

❷ 遊びに慣れてきたら、子ども同士の関わりをメインにして、子どもたちがオリジナルの遊びをつくりあげていくようにしてください。

❸ この書籍のままおこなうのではなく、どんどんアレンジしてください。

主体性のある保育者からの発信によって、子どもたちの主体性も育まれます。

保育園・幼稚園・認定こども園は「育ち合い」の場です。僕は、子ども同士の育ち合いによって、目には見えないけれど確実に存在する「心」が育まれると信じています。そこで今回、育ち合いをテーマに遊びをまとめた書籍をつくりました。

最後に、これまで一緒に仕事をさせていただいた作曲家の先生方、僕を育ててくれた（株）メイトのみなさん。様々な学校で僕の講義を受講してくれた教え子のみなさん。実家である社会福祉法人東京児童協会の先生方。そして、現在の学校法人菊地学園のみなさん、社会福祉法人桜光会のみなさん。何よりも、これまで出会ったたくさんの子どもたちのおかげで、こんなにも多くの遊びができました。この書籍は僕の現場でつくった作品たちと、僕の保育の集大成だと思っています。みなさんに心より感謝します。ありがとうございました。

まあせんせい（菊地政隆）

● 著 者 紹 介

まあせんせい（菊地政隆）

幼稚園教諭・保育士・児童学修士
学校法人菊地学園　理事長
社会福祉法人桜光会　理事長
有限会社菊地学園　代表取締役
星槎大学客員教授

※令和5年12月現在

まあせんせいの
オフィシャルサイトも
ご覧ください。

https://masensei.com

● STAFF

イラスト	星野はるか(KUMA'S FACTORY)
デザイン	中村理恵
楽譜	ホッタガクフ
編集	保科慎太郎・三原亜矢

まあせんせい の
子どもが『育ち合う』遊び

2023年12月　初版発行

著者	菊地政隆
発行人	竹井 亮
発行・発売	株式会社メイト
	〒114-0023　東京都北区滝野川7-46-1
	明治滝野川ビル7・8F
	電話：03-5974-1700(代表)
印刷所	光栄印刷株式会社

JASRAC(出)2304976-301